古埃及文化史

The Cultural History of Ancient Egypt

时代出版传媒股份有限公司
安 徽 文 艺 出 版 社

蒲慕州，台湾大学历史系毕业，美国约翰·霍普金斯大学埃及学博士。现任香港中文大学历史系教授，研究方向为埃及学、中国古代宗教及社会史、比较古代史。曾出版《西洋文明发展史》《尼罗河畔的文采——古埃及文选》《中国文化史》等著作。

古埃及文化史

GU AIJI
WENHUA SHI

国别文化史书系

蒲慕州◎著

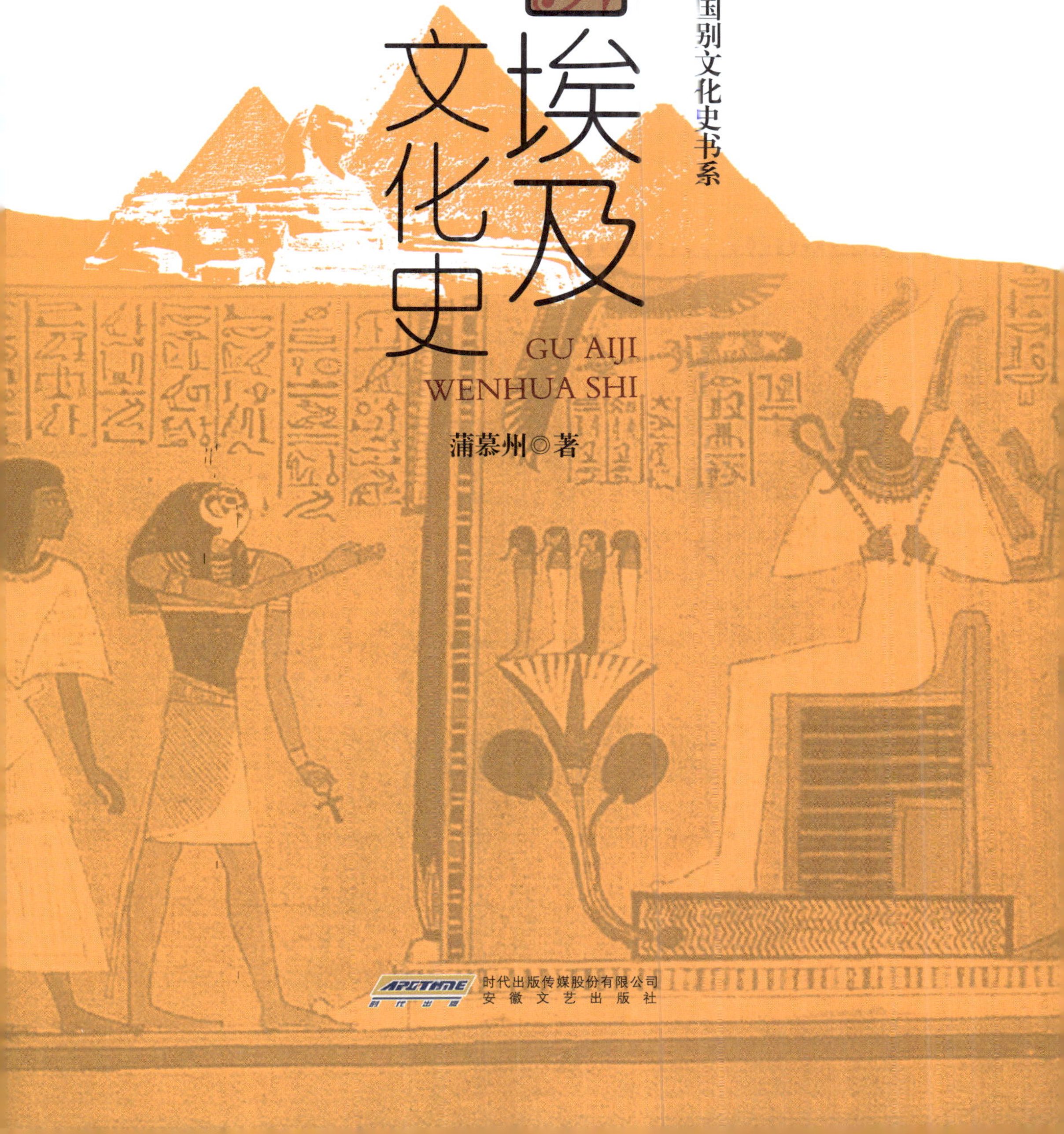

时代出版传媒股份有限公司
安徽文艺出版社

图书在版编目（CIP）数据

古埃及文化史/蒲慕州著. —合肥：安徽文艺出版社，2020. 4
（国别文化史系列）
ISBN 978-7-5396-5699-1

Ⅰ. ①古… Ⅱ. ①蒲… Ⅲ. ①文化史—埃及—古代
Ⅳ. ①K411.203

中国版本图书馆 CIP 数据核字(2018)第 019684 号

出 版 人：段晓静
出版策划：朱寒冬　　出版统筹：宋潇婧
责任编辑：姚　衎　　装帧设计：褚　琦

出版发行：时代出版传媒股份有限公司 www.press-mart.com
安徽文艺出版社 www.awpub.com
地　　址：合肥市翡翠路 1118 号　邮政编码：230071
营 销 部：(0551)63533889
印　　制：安徽新华印刷股份有限公司 (0551)65859551

开本：710×1010　1/16　印张：11.75　字数：150 千字
版次：2020 年 4 月第 1 版　2020 年 4 月第 1 次印刷
定价：48.00 元

（如发现印装质量问题，影响阅读，请与出版社联系调换）

古埃及文化史

目录

Contents

第一章 千载揭秘——探索古埃及文化

士兵们，四千年的时间自这些金字塔顶俯瞰着你们。

——拿破仑

公元一七九八年，在法国大革命之后新近蹿起的拿破仑野心勃勃地率领大军向地中海东部前进。他的如意算盘是要先占领埃及，再向东进军，直到印度。这是因为有一些印度王公也想借着和拿破仑联手来挣脱大英帝国在印度的殖民统治。不料英军早有戒备，在尼罗河上的一场战役，法国海军受到重创。拿破仑见大势已去，遂返回法国，继续为自己的执政之路奋斗，此处暂且不表。

拿破仑虽然回法，但是他将自己带去埃及的一批学者留下，继续在埃及工作。他们的工作是什么？原来，拿破仑在远征埃及之前的准备中，特别召集各方学者，组成了一个一百六十七人的研究团队，成立"埃及研究所"（Institute d' Égypte），分为数学、物理、文艺、政治经济四个部门。这些学者在拿破仑离开后，在埃及各地工作了三年，将埃及当地的风土人情、各类动植物，以及所有重要而可见的古代遗迹，包括神庙、金字塔、坟墓等等，都以精细的绘图完整地记录下来。这些记录后来送回巴黎刊行，就是著名的巨著《埃及图说》（*Déscription de I' Égypte*，1809—1828），共十二巨册，三千多幅图画。此书一出，立即成为欧洲人研究古今埃及的重要资料库，可以说是奠定了现代埃及学研究的基础。

问题是，拿破仑为什么要在打仗时还带着学者？这得从当时的政治背景去了解。当时的法国之所以进攻埃及，表面上是要帮助埃及从奥斯曼土耳其帝国的统治之下解放，但真正目的是要将埃及变为法国的殖民地，以与当时已经拥有印度的英国相抗衡。要统治一地，最根本的办法是要能掌握该地的一切资源和历史文化传统，因而拿破仑的计划是完全合乎一个帝国扩张的特点的。埃及的一切,在拿破仑眼中都是可以用来完成他的伟大计划的筹码。在他下令出版的《埃及图说》的首页上,拿破仑令负责的设计者将他个人的姓氏的首字母 N 与埃及圣蛇主题结合成一个图案,用意不外乎是表示他也具有如埃及法老般的神性。

除了《埃及图说》之外,拿破仑的埃及之行还有另外一项重要的收获,就是发现了“罗塞塔石碑”(Rosetta Stone)。当法军在尼罗河三角洲罗塞塔村修建防御工事时,一名工人偶然间发现了一块黑色花岗岩石碑,上有文字。这块石碑立即被送给学者团队,后来证实这是一块“三体石碑”,是托勒密五世(Ptolemy V Epiphanes,公元前 203—公元前 181)于公元前一九六年所发布,用古希腊文、古埃及象形文(Hieroglyphic)以及一种通俗文字(Demotic)所写的一篇诏文。这诏文本身是有关埃及神庙中教士的问题,但它真正的重要性,至少对现代人而言,是在于它所提供的解读古埃及象形文的线索。因为一直到十九世纪初,埃及象形文对全世界人而言,仍是不可解读的神秘符号或图像。为什么?这神秘感是如何产生的?为什么十九世纪的欧洲人虽不了解这些神秘的符号,仍然有很大的兴趣?这一切都得要从更早的时代说起。

最早开始觉得埃及是个奇特而神秘的国度的,大概是公元前八世纪的古希腊人。《荷马史诗》《伊利亚特》中曾经说,埃及的大城底比斯是一个富庶的地方,它有一百座大门,每座门可以让两百名战士和他们的战车同时通过。《奥德塞》中也提到,埃及是个遥远的国度,海伦曾经从当地带回的魔草,可以令人忘却忧愁和痛苦,而埃及人是最有知识的医生。

我们不知道史诗中有关埃及的描述是从何而来,但其实希腊世界早在公元前十六世纪就已经和埃及有往来,埃及新王国时代的壁画中有一些看起来是克里特岛上的迈诺安人(Minoans),和埃及有某种形式的交往。虽然没有更多的证据,但来往于地中海东西两岸的希腊商人带回有关埃及的讯息,应该是合理的推测。公元前七世纪,希腊商人在尼罗河三角洲的瑙克拉提斯(Naucratis)建立贸易站,这已经由考古学家在发掘中证实。此外,当时埃及王朝曾雇用了不少来自希腊的雇佣兵,他们也应是传播消息的媒介。这些接触，对发展刚开始起步的希腊文化而言，无疑有相当大的刺激。希腊早期艺术中的石雕像受到埃及雕像传统的影响，就是一个例子。

不过，第一个留下比较详细的关于埃及的记载的人，是希腊的历史之父——希罗多德（Herodotus），他自称曾在公元前六世纪到过埃及。他所写的一部书，称为《历史》（*Historia*），在希腊文中的原意是“探索”，因为他的目的是要探索当时的一件大事，就是波斯帝国侵略希腊的原因。为了了解敌人，他亲自到波斯境内去探访，了解风土人情和历史背景，然后写下自己的心得。当时的埃及其实也在波斯帝国的统辖之下，因而他也到了埃及。埃及的特殊风貌和古老的文化引起了他极大的兴趣，下笔不能自休，结果《历史》的第二卷整卷写的都是和埃及有关的故事。

希罗多德所描述的埃及有些特点：埃及拥有世界上最古老的文明，埃及是最有智慧的国家，埃及的祭司是最有智慧、思想的人。他认为埃及是文明的模范，不少希腊名人，如哲学家毕达哥拉斯（Pythagoras）和政治家索仑（Solon）都曾经去埃及寻求智慧。但若我们仔细去看他的描述，可以看出，其实他的埃及文明是以希腊自己的理念而描绘出的，所以他写的埃及其实是一个希腊式的乌托邦。

不过在另一方面，他也认为埃及人很奇怪。他说埃及人的所作所为都与其他人完全相反，如男织女耕；在屋外吃饭，在屋内大小便；男用头顶东西，女用肩扛物；男人便溺时蹲着，女人却站着等等习俗，均和希腊人相违。

希罗多德的观察有许多可以被证实为正确的，但他也犯了不少错误，以至于有些现代学者怀疑他是否真的去过埃及。总之，在他对埃及的描述中有着两种不同的态度，一是把埃及理想化，认为它是一个有高度文明的国家；二是把埃及叙述成一个与众不同、荒谬绝伦的地方。但不论是理想化还是丑化埃及，他都是戴着有色眼镜——希腊人的意识形态——来看埃及的。不论如何，希罗多德是第一个有系统、有兴趣去记录一个与希腊不同的地区和文化的人，所以也可以说他是民族调查先锋。

在希罗多德之后，希腊人对埃及似乎失去了兴趣，至少我们没有什么材料可以说明希腊人到底和埃及有何往来。这情况一直要到柏拉图（Plato，公元前427—公元前347）的时代才有所改变。柏拉图在其著作《对话录》中便有好几篇是有关埃及的文章。他把埃及视为一个理想国的代表和模范。埃及是一个井然有序的地方，那里的音乐、艺术、舞蹈都是永恒不变的宗教仪典的一部分。同样的，我们在此也可以看出他所说的埃及是他理想中的世界，而不是真的埃及。他只是以埃及作为叙述其理想国哲学理念的工具。所以我们可以看出，一直到柏拉图为止，希腊人对埃及的了解与认识仍然是以希腊人的角度形成的。

在柏拉图之后，埃及的历史与希腊世界的历史有相当密切的关系，因为埃及的统治者是来自马其顿的托勒密王朝（Ptolemaic Dynasty）。然而虽然彼此来往，现在留下的痕迹却不多，一直到公元前一世纪狄奥多鲁斯（Diodorus Siculus）关于埃及的游记出现，才有了新的资料。狄氏大约在公元前五十九年走访埃及，所留下的游记中包括了他所见到的埃及风土人情，不过他也将早期希腊作家（如希罗多德）的记载编入他的游记中。照现代的标准来说，他是个有抄袭习惯的作家。根据他的说法，埃及社会分为三个阶级，祭司、军人、工匠阶级的职业世袭。国王的所作所为都依据神圣的律法，为全部人民道德的高标准。看来他也逃脱不出将埃及理想化的模式。

和狄奥多鲁斯约同时的另一名作家史特拉堡（Strabo，公元前64—公元23）是有名的人文地理学者，他曾经纵越尼罗河谷，留下了许多埃及的地理景观和当代历史的记录，其中许多到现代仍有参考价值。

在史特拉堡之后另一个重要的人物便是《希腊罗马名人传》的作者普鲁塔克（Plutarch，公元50—公元120），他编写了与埃及相关的故事，其中最著名的就是《艾西斯与奥塞利斯》（*De Iside et Osiride*）。这故事可以说是古埃及宗教和神话传说中最重要也是最著名的。奥塞利斯（Osiride）是古时候一位正直而善良的国王，有一位美丽的王后艾西斯（Iside）。奥塞利斯有一个邪恶的弟弟，叫作塞特（Seth）。由于塞特嫉妒奥塞利斯的成功，遂将他杀害，分尸后投到尼罗河中，自己则篡位成为埃及国王。幸好艾西斯设法将奥塞利斯的尸块都找了回来，缝合回原形，并施以法术，于是奥塞利斯就复活了。不过复活后的奥塞利斯只能在阴间作为死者之王，而他的儿子霍鲁斯（Horus）则为父复仇，将塞特驱逐出去，夺回了王位，成为奥塞利斯的继承人。

普鲁塔克的故事听起来相当完整，实际上是因为他将许多不同时代、不同地区的神话传说的片段编织起来拟构成一个故事。如果看古埃及本身的材料，就会发现那个完整的故事是从来不曾出现的。这些在本书中还会再讨论。

在普鲁塔克之后，除了《旧约圣经》中有些与埃及相关的记载外，埃及在希腊的材料中便找不到太多的踪影。自罗马帝国成立之后，埃及为罗马所统治，古代埃及文化也逐渐变质，有关埃及的记载处于一个停滞的状态。到了七世纪中期，埃及为阿拉伯人所统治，成为一个伊斯兰教国家，古代埃及文化只剩下一片废墟，待后人去发现。

自荷马的记载到公元七世纪，有一千四百年的时间。然而目前看来，希腊人和罗马人对埃及的了解是相当少的。希腊人虽然知晓埃及有文字，却并未加以认真研究；罗马人统治埃及，以其为帝国的谷仓，但对埃及文化并无真正兴趣。而阿拉伯人统治埃及，则用其自身的语言和宗教取代了经过希、罗统治之后尚残存的古埃及文化。

从欧洲中古的早期到晚期，基督教的神学是欧洲人思想的主导力量。在基督教传统中，对埃及的看法基本上是负面的，因为《旧约圣经》中所记载的埃及是一个罪恶之地，而以色列人在埃及备受虐待，因而才有摩西和出埃及的故事。但十四世纪之后，由于文艺复兴所提倡的回到希、罗文明的努力，使得希、罗古典作品中如柏拉图、希罗多德等以及与埃及相关的记载再度受到重视，欧洲人开始产生对埃及的兴趣。加上土耳其帝国统治的松动，许多人得以亲自到埃及旅游并写成游记，增加欧洲人对埃及的了解与对埃及的兴趣。帝国主义的发展也直接影响对埃及的研究。十七、十八世纪有相当多的人对埃及有兴趣，其中也包括教会中人。不过这一段时期中，人们仍然认为古埃及的象形文字是一种象征性的神秘符号，每一个图像有其隐藏的意义，而各图像加在一起，若能解读，则可以得到至高无上的智慧。这种态度，显然仍深受自希腊古典时代以来那种认为埃及文明具有古老深邃的智慧的观念影响。譬如有一个说法认为：

> 当埃及人要表示"永恒"时，他们画太阳和月亮，因为它们是永恒的。当埃及人要表示"神明"，或者某种神圣的东西，或者低下的东西，或者高超的东西，或者胜利，或者阿瑞斯（Ares，希腊神明），或者阿弗若黛蒂（Aphrodite，希腊女神）时，他们就画一只老鹰。老鹰代表神明，因为它多产，或者长寿，又因为它似乎是太阳的象征，因它的目光比所有其他的鸟都更为锐利。①

像这样猜谜式的研究，当然是没有办法真正解读埃及文字的，但在当时的思想和知识情况之下，似乎也没有别的出路。

当罗塞塔石碑被找到之后，法国学者立即做了拓片，送回法国供研究，但是由于法国在战争中败给英国，法军在一八〇二年投降，于是法国人所搜集的古物都被英军没收，罗塞塔石碑被送回英国，存于大英博物馆。不过法国的学者仍然利用拓片做研究，经过一连串的努力，终于在一八二三年由一位名为尚保荣（F. Champollion，1790—1832）的学者找到了正确解读埃及象形文的方法。

从埃及文字被解读后，欧洲的德、法、英等国有许多人开始对埃及产生兴趣，想到埃及寻找资料。但是到埃及考古并不是一个孤立的现象，一方面是时下知识分子的兴趣，另一方面是欧洲各国民族主义与帝国主义潮流兴起的结果。同时这股兴趣不只对埃及如此，也包括了西亚两河流域。因此欧洲人在十九世纪对古埃及与美索不达米亚文明的探索几乎是

---

① G. Boas tr., *The Hieroglyphics of Horapollo*, Princeton: Princeton University Press, 1978, p. 43.

同时进行的。对楔形文字——所谓的亚述文的解读,比对埃及文字要来得晚。但由于此时前往埃及和西亚的人,除了学术目的之外,尚有不少是好古而附庸风雅之士,或者专门搜集古代艺术品的商人和掮客,他们的主要兴趣是金银珠宝,因而有相当多非珠宝的古物遭到破坏。一直到十九世纪末,才有一位英国考古学家皮得利(Flinders Petrie)提出,要了解古代社会不是只把古物挖掘出来即可,还要了解物品与产生物品的社会之间的关系,而此关系的建立便要依赖器物出土层位与各器物之间的相关性来建立。这种对古物的了解和态度逐渐为学者和大众所接受,考古也才正式成为一门科学。一八九四年,皮得利成为第一位获聘为伦敦大学埃及学教授的学者。可见埃及学在学院中的教授也不过百余年的历史。

二十世纪,埃及学在西方学术界占有一席之地,与亚述学共同成为早期人类文明研究的重要学科。这固然是由于埃及文明的古老和长久,提供了一个人类文明发展的实例,在对人类历史和文明的了解上是不可或缺的重要样本,也因为它的现代研究者和更多的大众在主观上认同所致。现代人认为古埃及文明是"光辉灿烂"的,它的一切创造是人类心灵的结晶,是人类文明的共同遗产,因而我们应努力地保护、研究,并提供给大众欣赏,而埃及无数令人惊叹的文物古迹也为这说法做了有力的见证。不过,对于中文世界的人而言,埃及学仍是一门有待发展的学科。问题是,如何发展?为何发展?

单从知识领域的拓展而言,我们当然必须承认,在整个二十世纪,中文世界对于古埃及文明的了解是极为有限的,这是一连串历史因素造成的结果,和我们对中文世界之外各种文明的忽视是同一回事。这情况看来在资讯发达的二十一世纪将会有所改变,应该会有更多的中文读者很容易地获取有关其他文明的知识。我们必须思考的是:知识的性质和作用问题。古埃及文明的知识究竟对现代人能有什么意义?这可以分两个层次来说:首先,对古埃及文明的了解,作为一种历史知识,它的用处和所有其他历史知识一样,都在扩展人的眼界,增加人对人与社会的复杂性和多样性的认识;其次,古埃及文明的特殊之处,也就是它的古老性和表面上的一统性,它提供了一个独特的机会,可以让我们重新思考一个重要的议题:文化霸权和权势文化的成立和传承。

我们必须思考的是,现代人在赞赏古埃及文明,或者任何古老文明时,到底是基于何种知识和心理上的立场?谈论近现代文化和政治霸权的人很容易检讨十九世纪以来的欧美殖民帝国和文化霸权,但古代文明似乎对此类的议题有免疫性。实际上,如果回顾十九世纪以来埃及学的发展,我们可以看到,埃及学和其他的“东方学”一样,有一部分也是西方帝国主义和民族主义发展的一环。西方各国学者竞相研究古埃及,除了表面的纯学术兴趣,其实也是展现国力的一种方式。埃及文物被西方各国运用各种方式运回去,正是一种文化霸权和霸权文化的展现。而他们在赞叹、景仰古埃及文明之时,其实也正是在古埃及文明中找寻认同、映见自己,因为古埃及文明正是它存在的古代世界中的一方霸主。然而对于生活在埃及四周,甚至埃及境内的一般人而言,辉煌灿烂的埃及文明到底是他们的福气还是祸害,恐怕就很有争议了。认识到这样的问题,我们的态度又应该如何?是仍然追随西方既有的研究传统,还是另辟蹊径?笔者的看法是,我们可以接受古埃及文明作为一个有趣也引人沉思的例子,一方面拓展我们的知识和眼界,一方面则可以利用埃及的例子来检讨历史知识所包含的文化立场。本书的写作,出发点也就是这两点。毕竟,从我们在本章中对埃及学史的发展的讨论已经可以清楚地看出,每一时代所看见的埃及的面貌和那个时代本身的问题和思想环境有着密切的关系。

第二章　荒漠甘泉——地理与人文环境

任何亲眼看见埃及的人，纵使他在以前从来没有听人提到过埃及，如果他具有一般的理解力，他也一定会立刻知道，希腊人乘船前来的埃及，是埃及人由于河流的赠赐而获得的土地。

——希罗多德

地理

如果乘飞机由雅典飞往开罗，在越过地中海之后，首先进入眼帘的，是一块巨大的黑色冲积平原，呈三角形，正如希腊文中的Δ(Delta)，三角形的顶部就是开罗。发源于东非高山区的尼罗河由远方蜿蜒而来，在开罗附近分支，流入地中海。从开罗以北，河面由于变宽而分支，形成所谓的三角洲，适合农业发展。希罗多德的说法是这样的：‘任何亲眼看见埃及的人，纵使他在以前从来没有听人提到过埃及，如果他具有一般的理解力，他也一定立刻会知道，希腊人乘船前来的埃及，是埃及人由于河流的赠赐而获得的土地。”①这话的原意是，希腊人自北方而来，所见到的埃及就是尼罗河三角洲，而尼罗河是造成三角洲冲积扇的主因。自开罗以南，是狭长的河谷地形，河的两岸是绿色带状的冲积平原，可供农作。这冲积平原一般都相当狭窄，即使在最宽阔的底比斯西岸，也不过五十公里宽，有些地方至今仍然是沙漠，直接与尼罗河相接。古埃及农民就是在这片河谷平原发展出他们的文明。农田的外侧是不毛的荒漠，西边是撒哈拉沙漠，东边是一座带状的高山。如果由空中看下去，整个尼罗河流域就如同一株莲花。古希腊人从北方来，称三角洲为下埃及，三角洲以南的尼罗

① 希罗多德，《历史》，王以铸译，台北：商务印书馆，1997，109页。

河河谷区为上埃及。在古埃及人的传统观念中,这三角洲和河谷是两个不同的地区,有不同的名称。在埃及王的头衔中有“上下埃及之王”或者“两地之王”的称呼,可以看出,在埃及人的观念中,上下埃及的分别有重要的历史意义。

由于尼罗河谷是沙漠中的绿洲,对埃及人而言,河水是唯一的水源。所以古埃及人的宗教中,尼罗河成了被崇拜的对象。为了不占用珍贵的农地,几乎所有的农村都在沙漠边缘。又由于尼罗河几乎年年都带来大量的污泥,埃及农民很少担心土地不够肥沃。因为土地的颜色呈黑色,埃及人遂称他们的国家为“黑乡”(Kemi)。相对而言,埃及四周的沙漠则是“红土地”(Desheret)。

自开罗向南航行约一千公里,到今日艾勒方坦(Elephantine)所在的地方,会遇到一处急湍,河中乱石遍布、水流涌急,无法行船,称为第一急流区,是古代埃及南方的天然疆界。根据古埃及传说,尼罗河水在此由地下涌出。其实这类的急流区在上游还有五处,也是埃及势力南向扩张的标志。旧王国时代,埃及南方疆界在第一急流区,艾勒方坦为边境贸易站,由非洲中部输入象牙、毛皮和其他珍品。中王国时代的疆界南移,到达第二急流区。新王国时代,埃及文化传到第四急流区的那帕达(Napata),此地的小王国为埃及附庸,后来还曾经一度成为全埃及的统治者。

除了三角洲和尼罗河谷之外,埃及人的活动也延伸到沙漠中的绿洲。在尼罗河西岸的沙漠中有一些绿洲,自旧王国时代以来就有埃及人在当地活动,这些绿洲之间的通路有时也是埃及人与非洲中部地区进行贸易的路线。托勒密时代,巴哈利亚(Bahria)、法拉夫拉(Farafra)、卡尔给(Khargeh)等绿洲还是重要的葡萄酒产地。

农业季节

由于埃及的气候干燥,除了北部靠地中海的三角洲区域稍微潮湿之外,其他地区几乎全年无雨,因此尼罗河水就成为埃及农业发展的唯一水源,也就是埃及人的生命之泉。尼罗河水来自每年夏季降在东非山区的季节雨，每当季节雨来临，大量雨水夹杂泥沙由山区直泻而下，就造成尼罗河的泛滥。这种随季节雨而开始的泛滥期相当固定。如果照现代的历法说，六月至九月是河水上涨的泛滥季，河岸的农田大都被水淹没，因而是农闲期。人们在此期间迁移到高地，做一些手工度日，等待水退。十月至次年一月是所谓的退水季，河水退回到原河床，在河谷平原上留下了大量的沉积物，主要就是含丰富腐质的污泥，农民在这肥沃的污泥尚未干涸前开始播种。二月至五月则是干旱季，河水降至最低点，作物也在此时收获。因此埃及的农业生活是随尼罗河的涨退而变化，分成三季，北温带人们所熟悉的一年四季在埃及是不适用的。为了要利用尼罗河水的这种规则的特性，埃及农民很早就发明出一套预测洪水水位高低的办法。他们在尼罗河上游艾勒方坦一处靠河岸的地方的岩壁上做成刻尺，记录每年洪水的高度，并且在下游的开罗附近也做相同的刻尺和记录，长期下来，就可以看出当上游的水在某一日期达到某一高度时，下游在同一日期应会达到何种高度。这种办法能够相当准确地在泛滥季开始之初预测未来几个月中水位的高低，因而也可以针对下一年的收成多寡早做预防，而且能更进一步利用洪水作为灌溉之用。根据史特拉堡的记载，在公元一世纪时，尼罗河在泛滥期约有四十天水位不断上涨，然后有约六十天的时间，全埃及的农地都泡在水里。当南方亚斯文的水位到达最高点时，下游的孟菲斯在八至十四天也会达到最高水位。等水开始退了，也就是农业季节开始之时。

与农业生产密切相关的，是历法。埃及人使用的历法有阴历和阳历，早期以月亮盈亏而订的阴历，以三十日为一月（实际上是二十九点五三天），一年十二月，但由于总共只有三百五十四点三六天，比实际的太阳年少十点八八天，故每三年必须加入一个闰月，并不十分准确。至于阳历，则是以日出时天狼星同时于地平线上升起之日，同时又是尼罗河水开始泛滥的那日，为第一次新年之始。但这种历法比太阳年少了四分之一天，故以后每次天狼星升起时会较前一年慢四分之一天，每隔一千四百六十一年（4×365.25）会轮回一周期。由于最后一次有记录的天狼星与日俱升时和尼罗河水开始泛滥为同一天，是公元一三九年，倒推回去两个轮回，则应该是公元前二七八三年，属于早期王国时代。可惜目前我们还找不到当时的记录，可以确定这套历法的确是在那时候开始实行。

产业

埃及的农业始于公元前六千年左右，此时人们已经在尼罗河谷活动相当长的时间了。农民种植的作物主要是小米、大麦和燕麦，而在畜牧方面，牛羊是主要的牲口。此外，埃及人也养鸭、捕鱼，不过他们想要畜养沙漠中的羚羊，却从未成功。在菜园中有各种蔬菜，如莴苣、茴香、蒜苗等，水果则有无花果、椰枣、葡萄等。而葡萄的种植和葡萄酒的制造则是有钱人家的享受，一般农民只能喝用麦酿的啤酒。

在天然资源方面，尼罗河谷从来就不生产高大的树木，因而自旧王国时代就从黎巴嫩山区进口黑檀木作为建材。不过在中王国时代（公元前2125—公元前1773）以前，尼罗河东边的山并不是荒芜的，因此小型的木材仍然有来源。山区也有大型和中型的野兽野禽，如象、羚羊、长颈鹿、鸵鸟、犀牛、驴、鹿等。因后来人口的增加，木材的需求也要增加，大量的垦伐导致环境逐渐恶化，最后终于完全荒漠化，东方山区才成为目前的不毛之地。可见人类对地表环境的破坏并不是现代才有的现象。

埃及的金子也是著名的资源，金矿与银矿主要在东方山区之中。埃及金子之多，在古代世界中相当著名。新王国时代，巴比伦王曾写信给埃及王要求他送金子去巴比伦，因为“在埃及，金子就如同地上的沙一样多”。铜则产于西奈半岛。这三种矿是埃及的主要贵重金属资源。埃及人自旧王国时代早期就已至西奈半岛采矿，除了铜之外，也有土耳其玉。此外，埃及人用金子与南方努比亚地区交换香料、毛皮与象牙等土特产。可见，埃及的富庶在当时是相当有名的。

语言文字

现在的埃及人都讲阿拉伯语，但对照着古代的埃及壁画来看，可以在现代的埃及人中看出古代埃及人的影子。当然,现代埃及人是自公元七世纪中之后进入埃及的阿拉伯人和埃及本地人混合而成的,而埃及本地人又是在希腊和罗马统治之下和希腊人、罗马人有所混种。在那之前,埃及自古以来就和外在世界有人口交流,因而就人种而言,很难说什么是纯种的埃及人。在语言方面,语言学家将西亚各地语言分成闪语系(Semitic)与含语系(Hamitic)。闪语系包括了现在的阿拉伯语族与希伯来语族,在古代则有阿卡德语和亚述语。含语系包括现代北非的勃勃语(Berber)。古代埃及语则是一种独立的语言,它与闪语系和含语系的语言有远亲的关系,但发展相当不同。

埃及文字的书写系统曾经是造成埃及面貌神秘的重要原因,这是因为所谓的埃及象形文符号,基本上是一个个的图像,对于不明就里的人而言,很容易兴起神秘象征的念头。实际上,那些符号其实有些代表声音,有些代表意思,但基本的构成原则是拼音。法国学者尚保荣在一八二三年得以解读埃及文,就是正确地了解到埃及文为拼音文字系统的一种,虽然不能说它是纯拼音文字。至于书写方式,一般人最熟悉的雕刻在神庙壁、方尖碑、墓碑或雕像上的图形符号,中文称为象形文,是由中文的构造来理解,但希腊人称之为“神圣文字”(Hieroglyph),因为希腊人看见的象形文字主要是使用在神圣的空间,如神庙中。

另一种书写埃及文的方式,希腊人称为“Hieratic”,指的是祭司们所使用的书写体,是简化的图形符号,它和象形文字的关系,可以用中文行书和楷书之间的关系来做比喻,可称为“行书体”。这种书写体在文字出现不久之后应该就已经存在,考古学家在第一王朝时代的墓葬中找到用来书写的纸草卷,说明在日常生活中已经开始运用行书体。至于第三种书写文体,为行书体的更进一步简化和符号化,是在埃及晚期才发展出来的,在希罗统治时代是一般日用文书体,希腊人称之为“庶民体”(Demotic),可说是象形文字的“草书体”。到了公元二世纪之后,由于基督教在埃及的传播,开始有传教士利用希腊字母,加上七个由庶民体变来的符号,创建了一种拼音系统,用来拼写埃及语,成为所谓的“科普特文”

(Coptic)。由于科普特文主要用在基督教徒圈内,亦有基督教经典的翻译,因而在基督教会内流传甚久,一直到十八世纪仍有人懂得。它在十九世纪破解埃及象形文的过程中,也扮演了重要的角色。

文献

要了解一个古代文明,文献资料和考古资料都不可或缺,而在古埃及这两者都极为丰富。在文字材料方面,神庙、方尖碑、墓碑或雕像之上保存了大量的宗教性、政治性和个人传记的文献,而沙漠干燥气候所保存下的纸草文书,如小说、格言、诗歌、医药、数学、书信、账册、死者之书等等,增加了文献的多样性,也使得我们常常能深入了解古埃及人的生活和思想。考古材料也是另一种包含了极为丰富的信息的资料,这些信息往往是文献资料无法提供的,譬如美感、造型、工艺、科技等等。结合文献和考古资料,可以给我们相当大的机会来有效地重现一个逝去的时代。

王朝更迭

埃及的历史一般分成四大段:旧王国(Old Kingdom)、中王国(Middle Kingdom)、新王国(New Kingdom)与晚期(Late Period)。这些时期又夹有所谓的中间期(Intermediate Periods),即第一中间期、第二中间期、第三中间期。最后到托勒密时代,本土的埃及王朝结束为止。详细的年代可以参考本书所附年表。这年代的分段法当然有些任意性,主要是以王国的强盛与否为划分的标准,也是现代的学者所给的分期法。那么古埃及人自己如何分期?是否分期?

首先,现代学者的朝代分期,其实是基于公元前二世纪一位埃及祭司曼尼多(Manetho)所写的埃及史中的分朝代法。他将埃及法老时代的历史分为三十个王朝,每一个王朝基本上是由一个统治家族所构成的。不过他的作品并未流传到后世,只以节录的方式在其他作家的作品中间接保存下来。现代学者的研究证明,曼尼多的朝代和国王的名字有相当高的正确性。那么他一定是有所记载,问题是,记载在哪里?考古发掘证明，埃及人其实有一种保存历代王名的传统。自旧王国时代起，就有所谓的王名册（King List）。现存最早的王名册是一块石碑，刻于第五或第六王朝时代，其残片现存于意大利巴勒摩（Palermo）博物馆。这王名册上的王名都可以由考古文献材料证实。此外，新王国时代十八王朝图特穆斯二世及十九王朝塞提一世时均曾在神庙壁上留下他们之前的历代王名册，其目的不外是为自己的地位增加合法性。而现存于意大利杜林（Turin）博物馆的一份纸草文书，也是一份王名册，也是新王国时代的遗物，可见这类王名册是当时王室或者神庙所保存的记录。所有的王名册基本上都是一连串的王名，并没有朝代的分别，可见对于埃及人而言，他们的王权传承是一脉相承，并无朝代的观念。

王名册可以帮助我们建立埃及历史年代顺序的基本架构，但这当然还得要靠其他的资料。因为除了巴勒摩石碑列出了每名国王每年的主要事迹之外，这些王名册并没有记录各国王在位的年数，我们必须由其他的材料，如个人传记、神庙铭文等，来推测某个国王的在位年数，再将之放入年代序列中，以建立相关事件的发生时间。

第三章　筚路蓝缕——文化主体之成形

在那些半人半神的祖先之后，埃及的第一个王朝有八个王，第一位是来自提斯地区的曼尼斯，统治了六十二年。他被一头河马载走而消失。他的儿子阿托提斯统治了五十七年。阿托提斯在孟菲斯建了宫殿，他的解剖学著作仍存在，因为他是个医生。

——曼尼多《埃及史》

王朝的形成

目前考古资料显示，埃及在公元前六〇〇〇年左右开始进入农业时代，比西亚地区晚了一千多年。不过这可能并不是因为埃及人学会农耕的技术比较晚，而是因为尼罗河畔采集狩猎的生活容易，使得人们懒于改变生活方式。

到了公元前三一〇〇年左右时，埃及出现了最初的王朝。根据曼尼多说，该王朝的建立者名为曼尼斯（Menes），但是考古学家尚未在遗迹中发现他的名号。埃及王朝的形成过程如何，基本上仍属推测。埃及如何由史前史进入历史、由原始社会发展出国家，一直是学者重视的问题。考古学家与人类学家提出许多不同的理论，希望借着埃及的例子来探讨人类社会由原始进入文明的途径。然而这类理论的建构，不论是传统的由聚落到部落，由部落到联盟，由联盟到国家，或者是较新的说法，如资源控制或游戏理论（game theory），都必须建立在具体的考古和文献证据之上，而目前的情况，仍然未能有任何不具争议性的结论，因为埃及史前考古的研究方式向来是偏重于器物的研究和分析，而比较缺乏对整体聚落和环境的重视。没有对整体聚落和环境之间互动关系的了解，就无法讨论人群的分合和扩张，也就无法有效讨论国家的形成过程。譬如说，二十世纪早期曾有人主张埃及最初的王朝是由于一批外族的入侵而建立的，但此说所根据的史前人骨体质数据并不可靠，现已无人相信此说。某些有关国家起源的说法认为，人们对生活资源的争夺常是一种推动人群聚合发展的动力。然而在埃及，生活资源是如此丰富，很难想象人们有争夺资源的必要。游戏理论认为，最早的时候是一些小社群一同竞争，但一段时间之后，由于地理、环境、心理、机会等因素的作用，开始出现领先的社群，最后出现主导各小社群的领袖社群，成为资源的主控者，也就是国家的雏形。然而此说法虽吸引人，却无法真正解释人们最初为何会开始竞争。

当然，定居农业生活本身，由于人们必须占有土地以行农耕，基本上就隐含了以土地为发展重心的领土国家的倾向。人们以神话和象征的语言来陈述他们对土地的拥有权，并发展出对土地的依赖，建立他们和土地之间的关系。这种与土地的神秘的认同感再加上占有更多资源的野心，也许是推动国家成形的基础动力。人类之所以能在世界上建立诸多的国家，对土地所有权的意识和建立应是根本的条件。这些应该都是史前时代的事。当然，这并非是说在初有国家之时所有的社群都有相同的发展和意识，更不是说所有的土地都有人有权宣称拥有它，而所谓的拥有权意识也不见得只有一种。这种发展的不平衡，正是人类历史上有霸权形成的根本原因。

关于埃及国家的形成，比较流行的说法是，史前时代的埃及沿尼罗河岸遍布众多小聚落，聚落之间势力的消长经长期的发展而渐由一些占优势的聚落取得作物的分配权和社群的保护责任，最后兼并成为两大势力，即上埃及和下埃及。最后，上、下埃及可能是经由战争的手段合并成一个国家。这说法能否得到证明有待考察。

考古材料显示，史前的埃及文化有几个发展阶段，在上埃及以那卡达（Nagade）为中心发展出的文化社群，似乎是由史前到历史时期在上埃及最主要的文化相，共分为三期。由于尼罗河的冲积和淤积，自中游以下，乃至于三角洲地区，史前考古材料极为零散，只有在沙漠边缘地区的莫林达（Merimda）和玛地（Maadi）等地有与那卡达文化一、二期在时代和特征上相类似的文化遗存。考古学者推测,史前时代末期以赫拉康波利斯(Herakonpolis)为中心的那卡达文化三期首先形成一个统一国家,也就是所谓的上埃及王朝。由此时期人们日常用具,主要是各式各样的陶器上来看,似乎从史前时代到历史时代早期所用的物品,在形制上并无重大的变化足以表明有不同的文化出现。但使用器物的人是否仍是同一群人呢? 由体质的角度来看,史前至历史时代的人群构成也无根本的差异。因此就目前证据而言,在这一时代中尼罗河畔的文化发展是连续而渐变的,人群生活方式似乎没有什么太大的变化。当然,在史前考古材料中也找不出战争的痕迹。

至今为止,专就考古材料而言,最早有铭文为据的国王可能是纳米尔(Namer)。在赫拉康波利斯出土的一块石制胭脂盘上的图案中,纳米尔王头戴埃及白色王冠,右手高举一石槌,左手则握着一名跪在地上的敌人的头发,作势要击杀他。此人面有腮胡,留长发,鹰钩鼻,看来很像后代埃及艺术中所描绘的叙巴地区的闪族人。在画面下方有另两名敌人,同样具有闪族人的特征。此外,在跪地敌人的上方,国王的化身霍鲁斯神鹰也以一爪牵绳,绳的另一端系在一名敌人的脖子上。此人的面貌与跪地者相似,身体化为一块土地,埃及文意思为"地区",背上六株纸草,则为埃及文数字六千,因而整组图的意思可以被解释为"霍鲁斯神俘虏六千名敌人"。石盘的另一面分三格,上格为纳米尔王,戴着下埃及红色王冠,率领他的部队检视战果:两排敌人的尸身躺在他面前,首级都被砍下,置于两腿之间;中间为两头长颈怪兽,各有一人以绳牵颈,两颈相交成圆圈;下格则为国王化身的公牛攻击一座城池,一名闪族面貌的敌人被踩在脚下。一些学者认为,在这面石盘两面上所描绘的敌人是某个下埃及的首领,石盘的制作是为了纪念战争的胜利和国家的统一。这国家的统一可以由国王在石盘两面分别头戴上下埃及的王冠表现出来。但不论如何,石盘上所呈现的这种国王与敌人相对的姿态,明显地表现了一种埃及人的优越感。这种埃及人优越的观念不只是政治上的,也是宗教本质上的。就如同霍鲁斯神拿着绳索绑着敌人所表现的画像一样,它暗示埃及的神也同样是外来敌人的命运的主宰。尤其值得注意的是，国王手持石魂的形象从此在埃及图像中定型，成为表现国王无上权威的一种传统符号。

这两幅图案常常被用来作为纳米尔是统一上下埃及的国王的证据。这也许不是定论，但一般学者都同意。在统一之前，埃及狭长的河谷平原为许多部族所分据，每一个部族有其主要崇奉的神祇，这些神祇后来仍然是各地区人们所崇奉的对象。后来上下埃及各自结合为一个联盟，彼此竞争，最后由上埃及征服下埃及，完成统一。在此后的埃及历史中，上下埃及始终是埃及人政治运作中重要的观念，国王的头衔有“两地之主”（Neb-tawy），“两女神”（Nebty）〔兀鹰（Nekhbet）代表上埃及，眼镜蛇（Wadjet）代表下埃及〕，又有“上下埃及之王”（Nsw-bity）。而上埃及（Nsw）放在下埃及（Bity）之前，也象征了上埃及的地位较重要。当然，上下埃及之所以会有如此分别，主要和地理形势有很大的关系。所谓的统一，多半是长期折冲的结果，并非一夕之间完成的，也不见得是在所谓的第一王朝时代就完全稳定。不论如何，必须重视的是，埃及人自己认为，埃及王权的建立是上下埃及统一的结果。这个观念表现在许多具体的事例上，最常被提到的是国王所戴的王冠。在埃及传统中，国王有两顶基本的王冠，一个是上埃及王的王冠，称为白色王冠；一个是下埃及王的王冠，称为红色王冠。“上下埃及之王”是国王的称号之一，这些都表现出一个普遍的观念，即埃及是由上下两半所结合起来的。埃及人自己的概念是否代表历史事实？我们无法得到最后的答案，但我们若主张上下埃及由对立到统一的历史发展过程，有多少是受了古埃及人观念的影响，却是个有趣的问题。

政府的雏形

王朝的建立和文字的发明大约是同时的。文字的发明，当然是为了要用一种约定俗成的方式以符号表达意思，但它之所以成为必要，是为了应付日渐复杂的社会关系，包括政治和经济事务的运作。在早期王朝时代（第一、二王朝，约公元前3000—公元前2686），根据许多陶器封泥上所显示的官名和地名，我们可以知道埃及已经有了中央集权式的政府组织。当然，所谓的政府在此时不过是一个扩张的王廷，官员受国王的任命而获得权力，他们通常也就是王室的成员。不过政府一旦成立，也似乎会成为一个有其自主生命的组织，为了维持其生存而不断地发展。既然国王在实际中很难在国家扩大之后以一人之力去行使权力，势必得将其权力分给下属以维持政府运作，于是后来发展出宰相制度，以协助国王。在旧王国时代，上下埃及各有一名宰相，向国王负责，而史前时代的各部族所在地则划为行省（Nome），各有一个省长（Nomarch）统领地方事务。这些行省的数目，在其发展成熟时，大约上埃及有二十二个，下埃及有二十个，它们各有其崇拜的神明。政府中各级官员在时间的过程中自然有其发展的历史，不过较完备的资料要到旧王国时代才较清楚。

在所谓的第一王朝和第二王朝时代，埃及仍在摸索前进的路线，但由于文献无征，我们对这一时代的具体历史事实所知极为有限。不过，根据巴勒摩石碑上的记载可知，埃及人自己在后来，至少是在第五王朝立石的时候，认为有意义的事件是什么。巴勒摩石碑上自第一王朝开始，每位国王在位的每一年都以一格的空间写下当年的重大事件，如宗教祭典、神庙落成或者牲口普查，甚至有关于战争的记载。这些记载当然不能构成有意义的历史叙述，但可以反映出当时埃及官方所认定的“国之大事”。特别值得注意的是，有一项资料是每一年的记载中都会有的，即当年尼罗河水位的高度，这高度和当年的农作物收成有直接关系。同时，每两年会有一次牲口普查的记载，而普查的结果应该和农民的财产税收有关。由此可推测，埃及此时应有一个相当系统化的官僚体系在运作，并且将农业生产和税收作为政府重要的常规业务。

宗教与政权

由文献和图像材料看来，后世埃及所常见的神祇在早期王朝时代已经出现。这些神祇包括天空之神霍鲁斯、太阳神雷（Re）、塞特、掌管墓园的阿努比斯（Anubis）、女神哈托（Hathor）、掌管智慧的图特（Thot，图像有时是一只鹭鸶，有时是狒狒），而奥塞利斯的信仰在早期王朝时代尚不十分重要。

此时埃及人宗教信仰的内容是什么？我们所发现的资料除神名之外，相关的神学或神话极少，因而其意义必须借着对后世的埃及宗教的了解来推测。若上述那些神明在后世所代表的宗教意义在当时都已经出现的话，我们可以说，大致而言，因为有阿努比斯和奥塞利斯，埃及人死后的世界观已经形成。其实，来世的观念应该早在史前时代就已出现，可以由史前墓葬中许多随葬品显示。进入历史时代之后，许多大墓葬中，明显有许多要让死者带到地下去的物品。当时的随葬习俗是以实物随葬，可见当时的想法是人死之后在死后世界所过的日子和现实世界相似，因而需要物质的支持。

和政权关系最密切的，是霍鲁斯和塞特两位神明。早期王朝时代，国王名号上方常写有霍鲁斯之名，代表国王为霍鲁斯之化身，或者表示国王的保护神为霍鲁斯。但有时国王名号上方写的是塞特，意味着有不一样的保护神。这种国王主神不同的情况在当时很可能代表了不同宗教势力和传统政权之间的矛盾，不过我们现在无法得知其中的详情。第二王朝时代一位国王的名字颇具说明性：他的名字曾经改过，起初名为哈色肯姆（Khasekhem），意思是“神明显现”，这时名字上的神明为霍鲁斯，但后来他改名为哈色肯姆伊（Khasekhemwy），意思成了“两位神明同现”，在名字上霍鲁斯和塞特同列，表示两种势力的妥协。另一种意见认为这是两个人，但不论如何，此时的塞特神尚未成为日后奥塞利斯神话中那个邪恶的弟弟，但神话中霍鲁斯和塞特相斗，为奥塞利斯复仇的主题，却可以在此找到一些渊源。

物质文化

此时物质文化的发展情形又是如何的呢？在史前时代末期，埃及人已经很喜欢用石材做器皿，最受欢迎的是所谓的雪花膏石（Alabaster）。但使用石材会花费很大的人力，显然只有贵族才能享用。到第一、第二三朝时期，以石器做器皿的习惯还继续存在，形制与史前时代差不多，但愈来愈向古玩发展，材料也相当华丽，甚至有用金箔封起来的，这代表埃及工匠的水准愈来愈高。此外，金、银与各类的铜器都慢慢出现，也出现了前所未有的铸铜术。此时埃及人已经知道前往西奈半岛的铜矿区采铜，金矿则在埃及东部山区，但一般日常生活所使用的陶器则有相反的发展。史前时代末期的陶器上有不少绘画装饰，成为那卡达文化的特征。但进入历史时期，日用陶器的装饰画几乎完全消失。显然早期陶器上的装饰作用在此时变得不重要，或者由其他的条件取代。总之，在第一、第二王朝之后，各类物品在形制上的发展已大致定义了后代的基本格局，所谓的埃及传统手工业的特征已经成形了。

农业的发展在早期王朝时代应该是相当繁荣的，尤其是灌溉沟渠的开发，促成了农地的扩张。在史前时代末期一把典礼所用的石槌上，一位国王手持锄头，率领人民开发沟渠，可以说是具体的“国家政策”的宣示。而为了保存多余的农产品，则在每个行省中都设立有谷仓。农产品除了作为食物的各类谷物和蔬果，尚有作为纺织布匹原料的苎麻，因为除了少量的皮革之外，麻布是埃及人主要的衣服材质。

虽然相对而言尼罗河河谷有地理上的封闭性，但亦不可能与外界完全隔绝。早在史前时代，这里的人们与巴勒斯坦地区已有来往。而较明显受到其他文化的影响，是来自两河流域。最主要的可以说是建筑形式，早期王朝时代埃及建筑中所具有的山形砖砌墙的形式，即为两河文明早期建筑的特征。它的传播途径或许是由波斯湾绕过阿拉伯半岛到红海西岸，穿越山谷到达埃及。不过这种特征在第三王朝之后便消失，因为埃及此时已建立了自己的建筑风格。除了建筑形式，还有一些东西似乎也是由两河流域来的，如圆柱形的印图章，以及人兽相斗的装饰主题。这表示两河与埃及在史前时代和历史时代交替之际有某种程度的交流。另一项重要的外来影响，和埃及的文字有关。早期的苏美尔文字也是象形文字，而考古学者推测苏美尔文比埃及文出现早一百年左右，那么埃及文字的书写观念是否受到了苏美尔文字的影响呢？这仍然是没有确切答案的问题。不过当我们看到最早的埃及文字时，它本身已经是发展到某一阶段的结果，也就是说它已经脱离了原始表意图画文字的阶段，而有着成熟文字系统的音韵、文法的特征。

埃及文字系统的发展极为迅速，考古学者发现了第一王朝时期的纸草卷，表明当时的人已经制造出草纸作为日常书写的工具，也可间接证明埃及文字在当时已经发展到相当进步，且具有多方功能的阶段。

整体而言，埃及第一、第二王朝时期，是在王国统一后国力发展酝酿的阶段。宗教与工艺水准与后来的联系是相当清楚的，却还没有到达一个临界点，可由墓葬形制看出：第一、第二王朝的墓葬基本建筑概念与史前时代并无不同，唯一进步的是材料比较好，但泥砖仍是建筑的主要材料。石材使用的进步只限于国王墓的地砖和容器，一直要到第三王朝时期，埃及人才开始以石材作为建墓和神庙的主要材料。除此之外，人口、财力的增加都代表第一、第二王朝为日后埃及的黄金时代的准备时期。

早期王朝时代的最主要发展，是在文化主体的成形方面。虽然许多自史前时代以来继续存在的地方性宗教和艺术传统并没有完全消失，但一个以王室意识形态为主的大传统已经逐渐成形，该大传统包括了王权和神权的结合、文字系统的掌握，加上与宗教和王权配合的制式艺术风格。统治者以发展这种传统为分配及控制各种资源的手段和条件，逐渐将埃及的国力凝聚，并且推向一个发展的高峰。

第四章　万丈光芒——金字塔的阴影

任何一位神明，若不替这个国王建造阶梯，当这个国王升天时，他就不得享有面包，不得享有阴凉，不得在澡盆中洗澡，不得嗅肉香，不得尝肉腿，土地不得为他而开垦，献祭不得为他而设。

——金字塔文

金字塔的时代

在文字材料尚不足以呈现一个时代的风貌时，考古资料的运用有时可以发挥重大的作用。我们对早期王朝时代的了解很大一部分就是建立在考古资料上。到了第三王朝，一个新局面突然来临，埃及在历经前一时期的沉潜和孕育之后，爆发出高度的能量，而度量其强度的证据仍然是考古材料。此时的新发展和以前最大的不同，是石材在各式建筑中的大量使用上。

埃及有相当丰富的石材。尼罗河两岸的冲积平原上固然缺乏石材，但因为埃及主要为石灰岩地形，在沙漠边缘山脉交接处，很容易找到石材。从史前时代的出土物可知，埃及人一直有机会接触到各式各样的石材，也累积了相当多处理石材的经验。不过这时埃及的工匠虽已能制造相当精美的石器，如盘、罐等，但尚未能自由运用石材建造大型建筑。第一、第二王朝时代的国王及贵族墓葬主要使用的仍是泥砖和木材，此时的大墓用大砖砌造，外形长方，后世阿拉伯人因其形似长条形板凳，遂以“板凳”(mastaba)一词称之。

从第三王朝开始，国王的墓葬有了更进一步的发展。一位名叫卓瑟(Djoser)的国王开始利用石材来建造自己的坟墓，开创了埃及的金字塔时代。卓瑟的坟墓在今日开罗以西的沙卡拉(Saqqara)地区，是一个长方形六级阶梯式的建筑物，完全用石材建成。在此之前，只有少数的墓葬曾经有使用石材的例子。这新的尝试，是基于早期王朝时代“mastaba”的造型，不同的是，卓瑟不以一个长方形的“mastaba”为满足，建造过程中几经修改设计，最后增加为六层，每层的大小递减，如同生日蛋糕，如今被称为“阶梯金字塔”（Step Pyramid）。卓瑟的阶梯金字塔虽改用石砖，建筑构造的概念仍然是泥砖式的。它的高度约二百零六尺，底部为四百一十一尺长，三百五十八尺宽。

卓瑟阶梯金字塔为国王陵墓，但它和以往的王墓除了形式和建材不同之外，尚有另一个不同之处，就是它开创了金字塔陵庙区的基本构造，从此以后所有的金字塔陵庙区都有三个构件：一个是墓的本身，一个是向国王献祭的寝庙，一个则是给负责祭祀的祭司们住的房子和储藏室。整个陵庙区由一道围墙包围，长五百米，宽三百米。这陵庙区显然是经过仔细的设计，并且极为用心地施工建造成的，它的主要意义不在于展现国力——虽然国力在其中自然展现——而是加强体现了国王身为国家领导中心的地位，以及他在埃及宗教体系中的神圣地位。整个陵庙区的建构显示出埃及此时各方面资源的丰富，各种工匠和建筑技术专业化的发展，均远超过前一时代。在阶梯金字塔的地下，是一些极为复杂的地窖，应该是随葬品的储藏室，考古学家在其中发现了三万多个陶器，亦足以显示这墓葬的重要性以及国王所能动用的财富。

谁是这陵墓的设计建筑者？根据曼尼多的说法，一名叫尹和泰普（Imhotep）的大臣是发明石建筑的人。在阶梯金字塔所在的沙卡拉出土的一座卓瑟的雕像，雕像座上刻有“国王掌印大臣，首席大臣，王宫总管事，王子，诸官总管，尹和泰普”的字样，显示尹和泰普在卓瑟王时代是一个极为重要的人物。在后代，埃及人崇拜一名叫尹和泰普的作家和医生，他们是否为同一人呢？也许有可能。但无论如何，这里没有任何头衔可以证明尹和泰普是阶梯金字塔的设计和建筑者。这中间的原因，可能是由于此时埃及政府机构中的官职常常无固定的职务，而是随任务而行事。尹和泰普的官衔中，没有一项是关于某一特定的工作，但也因此可以随机行事。当然,政府中仍然有些官员的任务是可明显由官衔得知。

与卓瑟阶梯式金字塔类似的王墓尚有几座,大约都是属于第三王朝国王的,但现在均已毁坏。而由卓瑟的阶梯金字塔到第四王朝开始,金字塔的建筑技术已经在半个世纪中达到完美的程度。在沙卡拉南方的达舒(Dahshur)和麦敦(Medum)地方有三座金字塔,是衔接阶梯式金字塔和四角锥金字塔的重要建筑。麦敦的金字塔目前呈两层阶梯式,其最外部的覆盖层已剥落,据推测,它原本可能是一座七层的阶梯式金字塔,经过两度修改,最后成为四角锥形,也就是习见的金字塔,底部为四百七十四尺见方,而在达舒则有两座金字塔,可能同属于史那夫鲁王(Snefru)。其中较早的一座呈四角锥形,唯斜边在半腰处折角,形成一方尖碑似的顶部。这可能是设计变更的结果,因为原设计的角度可能过大,导致石材无法负荷自身的重量,只好半途将角度改小。此金字塔的底部为六百二十尺见方。而在它不远处又有另一座金字塔,呈四角锥形,底部有七百二十二尺见方。这三座金字塔在短短数十年间建造,一座比一座大,形状也终于成为真正的三角形,显示埃及国力在此期间突飞猛进。不过有关此一时代的具体历史事件,我们所知不多。根据巴勒摩石碑记录,史那夫鲁在位时曾经和南方努比亚地区发生战争,并且掳回七千战俘、二十万头牛。这数字是否可信并不重要,重要的是这讯息间接证实史那夫鲁时代的埃及是充满活力的时代。

史那夫鲁之后,胡夫(Khufu 或 Cheops)建于吉萨(Giza)的金字塔则是空前绝后的巨构建筑。这个金字塔底部有七百五十四尺见方,高四百七十一尺,由大约两百三十万块石块建成,每块石块重约两吨半,最重可达十五吨。最惊人的是,它的四边分别正对地理上的四极,最大的误差不超过5′30″,而四角呈现几乎完美的正方形,在工程上而言,是一个相当完美的作品,显示当时埃及工匠和建筑设计者已经由从前的经验中掌握到十分精确的工程知识。

然而金字塔只是国王陵墓的一部分。除了这存放棺柩的建筑物之外,在金字塔东面尚有庙宇,为祭祀国王的地方。由庙宇到尼罗河边,又有走廊,供葬礼时运送国王的木乃伊之用。埃及葬礼的习俗以为,国王活着的时候住在尼罗河的东岸,死的时候要到西岸去,棺柩在西岸下船后要在岸边祭庙举行祭典,再经由走廊将棺柩送入金字塔的墓室。这象征,人死后前往西方世界。金字塔与大部分墓葬都是在尼罗河西岸,也显示埃及以为人死后到西方去的传统观念。看守金字塔的,除了各有所司的祭司之外,还有各种官吏、工人,以及替他们生产粮食的农民,形成了所谓的"金字塔城"。

胡夫的儿子卡夫雷(Khafre, Chephren)紧接着他的父亲又在吉萨建了他的金字塔,虽然稍小,底部也有七百零八尺见方。同时,卡弗雷金字塔的地基较高,所以看起来比胡夫金字塔还雄伟。最后,到了卡夫雷之子门考雷(Menkaure, Mycerinus)时,所建的金字塔体积突然缩小,底部只有三百五十六尺见方。从此之后,没有任何金字塔的体积是比门考雷金字塔还大的。

金字塔的建造和形式所引出的各种问题相当多,首先便是具体的技术和人力、财力、物力的问题。

金字塔是如何建成的?埃及人是用什么方法将石块堆得如此之高而不致崩溃?我们知道,古埃及人并不懂滑轮的原理,一切都必须靠原始的人力去搬运。一说认为,石块的运输在工地上是利用斜坡,以人力推拉而上。然而当斜坡随着金字塔的高度升高时,整个斜坡的本身庞大的建构就会是一个问题。另一种说法是,搬运石材的斜坡是绕着金字塔而上的,因此减少了建构斜坡的材料和困难。此说颇为合理,但仍然缺乏证据。还有一种说法是,利用杠杆原理将石块由下向上吊动。无论如何,技术上的问题是他们所必须克服的。看来埃及人用了相当简单的方法完成了一件不可思议的成果。可以举一例说明:金字塔的底部必须完全水平,否则石块的压力不平均,会造成滑动。在没有现代水平仪的时代,要如何去制造一面七百五十四尺见方的水平面?埃及人想到一个极简单的方法:考古学者发现,埃及人先在地基上挖出格子状的小水沟,再灌水进去,自然就形成水平面,再把每格中高出水平面的部分削去,最后得到一大块水平地基。

金字塔的建筑很具体地显现埃及的整体国力和财富。以胡夫金字塔为例，它到底花了多少人力和时间来完成，我们并不清楚。但根据希罗多德的记载，是十万人用了二十年的时间才建好。这数字显然是一个方便的说法，表示“很多人建了很久”。考古学家在吉萨金字塔周围发现了以前建筑工人的工寮，估计同一时间居住在工地的人是两三千人，不太可能十万人一起工作。但即使是两三千人，在管理上也是相当困难的。显然，要达成这样高的建筑水准，必须有相当好的组织和有效的管理制度，才能相互配合完成工作。譬如，采石材就是一个很大的问题。当采石材的工人由采石场将粗糙的大块石材取出后，必须要运到工地由另一组工人割削成比较可用、比较成形的石块，之后再由第三组工人进行打平石材表面的工作。而石材的大小和形状则又有专司设计的人员负责。由此看来，整个工作的进行需要相当周密的计划才有可能完成。除了金字塔本身外，寝庙区还包括寝庙、走廊等附属建筑，需要二十年来建一座金字塔似乎并不为过。可以说每一个国王在一即位时便开始准备金字塔的建设，但每个人寿命长短不一，因此改变计划也是常有的事。

金字塔的发展从第三到第六王朝有一个起伏的过程，这过程和宗教的发展有关。第五王朝之后，金字塔的造型可说比以前要小得多。相对而言，国王寝庙的形制与以前也有所不同，即庙顶上面树立了一座方尖碑，这是太阳神崇拜的一个象征物。方尖碑高度从第五王朝之后愈来愈高，甚至超过金字塔的高度，象征太阳神崇拜的重要性超越了国王。在第三、第四王朝的时候，一切重要的建筑物都是为国王而设，因此国王在宗教或现实社会中都具有最高的权威。但到了第五王朝时期，对太阳神的崇拜开始兴起，国王在人世间的崇高地位相对的就有了折扣，这种情况也可从国王的名字看出。第四王朝的国王，已经开始将太阳神雷的名字结合在自己的名字中，如“Kafre”“Menkaure”，显示他们对太阳神的崇拜。到了第五王朝，这种习惯变得更普遍，但造成这种情况的根本原因却不清楚。在中王国时代的文献中，有一则神话故事谈到第五王朝的最初三位国王，是太阳神和一位女祭司所生的。这故事虽属神话，也许仍然可以模糊地反映出太阳神崇拜在此时的重要性。

金字塔的建造显然是一项极为劳民伤财的事，国家若没有足够的资源，是很难为继的。我们虽不清楚门考雷的金字塔为何突然比他父亲的小了许多，但自第三王朝末期以来不断地建造大金字塔，必然消耗了大量的资源，因而有可能是因为资源的拮据，使得他只能建一座较小的陵墓。而金字塔的建筑在第五和第六王朝时期愈来愈小，同时品质也较第四王朝差，似乎暗示国家的财力和人们对国王的崇拜也在走下坡路。不过，第五和第六王朝的金字塔有一个新的发展，就是在棺室中的壁上出现了所谓的“金字塔文”。这类文字基本上为葬礼祭典中祭司所诵读的咒文，目的在于帮助国王顺利地前往西方，成为诸神的一分子。这是古埃及宗教最早也最重要的一批文献。

除了实际的技术和形式演变问题之外，我们还必须讨论金字塔的意义问题。由于金字塔特殊的形式，数千年来人们对于它的作用和意义产生了种种猜测。为什么埃及王要建造这样一种形式的陵墓？我们当然可由建筑史的角度来看这问题：国王的大墓自第一王朝起的长方形墓演变为阶梯式，最后变为四角锥金字塔，似乎循着一个合理的发展途径，即不断地扩大、增高。这是建筑技术不断发展的结果，也是国力增强的具体表现，当然也是人们对国王作为神明在人间统治者的身份的崇敬所致。但金字塔的形状是否还有宗教和象征的意义？根据埃及神话传说，在今开罗附近的“太阳城”希利俄波利斯（Heliopolis）的太阳神庙中供奉着一块尖形石碑，埃及人称之为“奔奔”（benben）。有些学者遂认为这可能是金字塔的原型，也就是说，金字塔的形状和太阳神崇拜有关系。这一点虽合理，尚无法得到绝对的证明。另外，在埃及文中，阶梯式金字塔的形状正是“台阶”一字的意符，于是有人据此主张阶梯式金字塔的形状为国王死后升天的台阶。“金字塔文”第五百三十九段说：“任何一位神明，若不替这个国王建造阶梯，当这个国王升天时，他就不得享有面包，不得享有阴凉，不得在澡盆中洗澡，不得嗅肉香，不得尝肉腿，土地不得为他而开垦，献祭不得为他而设。”这里所说的阶梯，是否指的是阶梯金字塔，或者是一般金字塔的同义词。我们尚无法确定。

也有人认为四角锥金字塔的形状正如太阳由乌云中破洞而射向地面的形状，也象征了太阳神对国王的照顾和国王升天的情景。这说法有一些合理的地方，但终不免为推测。可以确定的是，国王死后升天在旧王国时代的确是埃及宗教神学中的说法。在第五、第六王朝的“金字塔文”中，我们可以找到足够的证据说明这一点。譬如“金字塔文”第五百零八段：“我乘着你（太阳）的光芒，好似足下的斜坡，我上升到我母亲，雷，额头的圣蛇那儿去。”又如第五百二十三段：“天为你加强了太阳的光芒，好让你能够将自己提升上天，成为雷的眼睛。”这些譬喻式的文句也的确让人会联想到金字塔的形状是太阳光芒的象征。

此外，金字塔和太阳神崇拜的关联除了第五王朝金字塔前的太阳神庙之外，还有另外一种证据，就是在金字塔旁所埋葬的木船。这类的木船已被发掘了好几个，其目的据推测是为了要让国王在死后乘船在天上随着太阳神雷游行。

金字塔作为国王陵墓的形式，由旧王国时代一直延续到中王国时代，几乎每一任国王都在尼罗河西岸为自己建一座金字塔，所以金字塔的数目在此时间范围内的就有三十多座。不过中王国时代的金字塔至今也多已倾圮。至于中王国之后，国王的陵墓移至底比斯西方山谷中，深挖岩洞，不再使用金字塔的形式，这中间有宗教观念的改变，也有实际的为了防止盗墓的考虑。

政府

埃及政府组织也如同一座金字塔的构造一样，国王居最高点。理论上国王之下有两名宰相，分别掌管上下埃及。不过在旧王国时代同时有两位宰相的情况并非定制。基本上他是王室的一分子，通常是王子来担任。在第四王朝初期，尚为王子的专职，到了第四王朝后期，就逐渐由非王室的贵族担任。有时王子仍保有此头衔，但不负实际的责任。

以前曾流行一种说法，认为古代文明和国家的兴起与水利工程有关系。因为发展水利工程必须要有大规模的组织，于是有组织的政府便形成。但这种说法假设国家政府的形成一定要解决水利问题，却是不能成立的。实际的情况应是，当一个比较有规模的政治组织已经出现，人口的增加促使人去开发新的农地，才开始发展水利事业。在两河流域，几条重要沟渠是在进入历史时代后的一段时间后才有。埃及很少面临水源不足的情况，水利工程的重要性不如两河流域，但史前时代末期一件纪念石槌上的浮雕却暗示：在埃及，开渠道是跟着国家的发展而同时进行的。最初所谓的政府实际上仅能说是王室的管理机构，政府官员主要是由国王的亲戚担任，他们的权力来源是国王的任命，与他们的能力无关。但是政府组织不断扩充、事务愈加复杂之后，有才能的平民进入政府官僚体系也就成为不可避免的趋势。到了第四王朝之后，一个合乎王室和统治阶层利益的政府体制逐渐趋于完备。大致而言，在司法、工程、税收、档案管理等方面都设有专门的行政部门。

税收和谷粮的运用是政府的日常事务。由于埃及的经济主要是靠农业，因此谷物是主要的税收项目，政府在上下埃及各设有一个总管，负责点收各省缴来的谷物，放在谷仓中备用。由于此时埃及的经济形态仍为以物易物，谷物常成为交易和薪水的标准。日后，金、银、铜等三种金属则为人们经济行为的媒介。而这些财物的运用，如政府人员的薪资和各种赏赐的开支，则由所谓的财政部来掌管。由第五王朝时代所留下的巴勒摩石碑上的记载来看，每两年一次的牲口普查早在第一王朝时代就开始进行。这种记载的真实性如何，在没有反证之前，我们必须给予正面的评价。配合巴勒摩石碑上每年记载的尼罗河的河水高度，我们有理由相信，埃及人在很早的时候已经在许多方面发展出了理性管理和官僚组织。这种官僚文化的具体表现，可以由一份在第五王朝金字塔城神庙遗址发现的纸草文书来说明。这份文书是神庙中每天的收支账簿，记载着领取薪粮的人名、应领取和已经领取的食物（基本上是啤酒、面包）和布匹的数量，以及这些物品的来源，等等。由此我们可以知道，金字塔陵墓区的管理是很仔细的，每天得到的资源，不同的材料、不同的地点、不同的性质和来源，都记载得非常清楚。由另外一份文献我们可以知道，当时神庙中的文书会将庙中所有的财物列出一张清单，随时修正。

由经济的层面来看，权力跟财富是有直接关系的。谁能掌握权力谁就掌握了财富，反之亦然。在埃及，国王被视为神明的化身，因而全国均在他的掌握之中。但实际上政府的构成使他不可能独自成事，因此他必须寻求支持，其办法就是将土地作为赏赐。他一方面把土地赏赐给神庙，因为神庙的维持必须要有经济的来源。国王把土地赏赐给神庙之后，那块地上的农民和农作物都属于神庙管理，等于神庙有自己的私产。这种情况与欧洲中古的教会情况相类似，当时的欧洲教会也是拥有很多的土地和财富。为何要寻求神庙的支持？这是由于王权本身和神权密不可分，王权的成立主要就在于有一套支配王权正当性的神话和宗教信仰，国王支持神庙的存在，也即是维持自身存在的正当性。我们在下章讨论王权时将进一步说明。

此外，国王也会把土地赏赐给他的官员。官员死后，国王常会赏赐给他一块地，地上的生产物就归管理官员墓园的人来处理，这些人大都是官员的子嗣。这些土地就成为私人的产业，也基本上是可以世袭的。

神庙与文士

相对于世俗政府组织的，是宗教组织。这主要是分布在全国各地的神庙。神庙中对神祇的供奉和祭典的举行需要一批祭司，他们的生计必须由国家供给。在早期，这些花费由国王以赏赐的形式提供，因为国王在理论上是唯一能和神明沟通的人，他是神明的化身。祭司则是代替国王在神庙中向神明请安献祭的代表。不过到了第三王朝之后，神庙逐渐地累积国王的赏赐而拥有大批的土地，以及附着于土地上的农民。又因为神庙是免税的，它可以把所有生产物归给己用，因此神庙逐渐成为一种自给自足的经济体。

神庙的主要功能在作为某些特定神明的崇拜场所，庙中的活动一般分为日常祭典和节日祭典两大类。日常祭典为每日定时为神明的雕像举行更衣、沐浴、进食等仪式，就如同照顾一个国王似的，祭司的工作也有如王宫中的内侍。到了特定的节日，就必须准备各种特定的祭品和祭仪，祭司的工作包括了主持这些祭典的进行，也必须能够诵读祭文。神庙壁上常常刻满了各种祭典的图像，也包括相关的祭文，由这些祭文和图像，我们可以比较详细地了解这些祭典的意义，以及埃及宗教信仰中许多的细节。不过值得注意的是，埃及的神庙并不是供一般人民去祭拜神明的场所。除了特定的大节庆之外，神明的雕像并不离开神庙，人们也无从进入神庙去祭拜。他们只能在神像出巡之时，在路旁膜拜。这些都与国王和人民之间的关系类似。

祭司不但负责神庙中的事务，也负责照顾墓地，如国王金字塔陵园和贵族墓葬，都有专门的祭司定时举行祭典，他们也都有足供衣食所需的田产。因为除了赏赐土地给神庙之外，后任的国王会把前任国王金字塔周围的土地划归陵墓区专属，土地上的生产物就供这金字塔城的居民（即祭司和各类工匠以及农民等）消耗。贵族和官员的墓地，如上文所说，也多半各有封地，可供负责上祭的祭司生活和祭品所需。

不过所谓的祭司阶级，并非一个封闭的集团。他们并不像后世基督教会中那些传教的教士，而是一批执行祭典的行政人员。他们都是具有基本识字和书写技巧的人。因此实际上埃及没有所谓的教士阶级，而所谓的祭司也不过就是行政官员，管理庙里的行政事务。任何人只要能力相当，就可以成为神庙的祭司，他也可以改变其祭司的身份而转入政府工作。不论在神庙还是在政府中工作，一项基本的能力就是书写文字。和两河流域文明的情况类似，在国家政府组织愈加复杂之后，行政工作的进行必须靠一批文书人员来进行各种记录，而能够因识字的技能而进入行政体系，就是一个好的事业的开端。因此在埃及官员的墓铭中常常会提到他在神庙里的职位，也会提到他在政府里的职位。第六王朝时代，一名叫哈尔互夫的官员在他的墓铭中提到他的头衔，中间就包括政府和神庙中不同的职务："（这是）国王与殡仪馆之主、墓地之主阿努比斯所赐的祭品：愿他在高年时被埋在西方沙漠之墓地中，受大神的尊重。爵主，上埃及总督，王室掌印官，内府大臣，大祭司，侦察队长，受普塔敬重的哈尔互夫。”①

总之，埃及人相当重视知识的效用，曾经有一段文字这样赞美知识的不朽：

古时候那些博学的文士，他们能预见未来，当他们离开，度过了他们的生命，
他们所有的亲人也被忘怀，
但他们的名字已经不朽。
他们没有为自己造铜的墓、铁的碑，
他们不知如何留下后人，赞颂自己的名字。
他们以书本和训诫作为他们的遗产。
他们给自己书卷，以代替祭司，
写字板以代替孝子。
训诫是他们的墓，芦笔是他们的儿女，
写字板是他们的妻子。
不分老幼，人们都是他们的儿女，
因为文士是他们的领袖。
他们的房屋已经倒塌，他们的庐墓仆人已不在，
他们的墓石已为土掩埋，他们的墓也为人所遗忘。
然而他们的名字因为他们生前所写的书而为人诵读。
人们对书本作者的怀念永远是美好的。
要努力做一个文士，好让你的名和他们一样。
书本比墓碑和墓园更为美好。
（书本）在诵念他们名字的人心中好似祠堂和坟墓。

① 蒲慕州，《尼罗河畔的文采》，台北：远流出版公司，1993，46页。

人们口中的名字对于在墓地中的人仍然是有益的。

人死亡后，他的尸身成为尘土，

他所有的亲人都已逝去，

但经由诵读者之口，书本可以使他为人所纪念。

一本书比一座华屋，或西方的祠堂、坚固的房屋、

墓中的碑石更为美好。①

相对的，在埃及文士的刻板印象中，农民和军人都不是可羡慕的对象。一份在学校中用来教学生读写的文献干脆就描述农民和军人的生活有多么辛苦，以鼓励学生向上，颇有中国古代"万般皆下品，唯有读书高"的意味。文献以一个老师的口吻诉说农民的辛苦：

我听说你不练习写字，成天寻乐。你只想去田里工作，背弃神的话语。你难道没有想到，收税的时间一到，农民的命运是怎么样的？一半的谷子给虫吃了，河马又吃掉了剩下的部分！田里到处是老鼠，又满是蝗虫。牛羊争吃，麻雀偷窃，农人真是痛苦！

那些剩下在打谷场上的，又是小偷的目标！……马匹又死于打谷和犁地的苦工手中！

然后，税吏来到田边，收点谷物。跟班的带着棍子，警察带着鞭子，他们说："交出谷子来！""已经没有了！"他（农夫）就被按住，挨一顿打，又给捆起来，抛到水沟里，头浸在水中，他的妻子在他面前被绑住，小孩也被链子拴起来。他的邻居四散奔逃，只顾保全他们自己的谷子！

但是一个书记可以指挥所有人的工作。他不缴税，因为他靠他的书写作为贡献。他没有税务，要记得这些！②

① 蒲慕州，《尼罗河畔的文采》，台北：远流出版公司，1993，207页。

② 蒲慕州，《尼罗河畔的文采》，台北：远流出版公司，1993，203—204页。

除此之外，人最好也不要当兵：

唉，你说："人家说士兵比书记舒服。"这是什么意思？

来，让我告诉你那劳苦的士兵的生活是怎么回事。当他还是小孩时，他就给带到军营里关起来，他的头上、背上、脸上到处都是伤痕……他被按在地上鞭笞，浑身是伤。

来，让我告诉你他是怎么样去叙利亚，怎么样翻山越岭。他的面包和水被扛在肩上，重得只有驴子才背得动，压得他背脊弯曲。他喝的水发臭……当他遇到敌人的时候，他就像只被网子困住的鸟，四肢无力。如果他活着回到埃及，他就像块被虫蛀的木头，又病又累。他被驴子驮着回来，衣服被偷了，同伴也溜了！

啊，伊南那，不要再以为士兵比书记舒服！①

当然，最好还是努力读书学字，以求个一官半职：

做一个书记，就可以不用负担劳役，不用参加所有的工作。他不用锄地，也不用扛篮子。做书记可以使你不用划桨，不用受苦。你不会有很多主子，也没有一大群上司。

人从他母亲的腹中一出生，就得服从他的上司。小男孩成为军士的跟班，少年成为新兵，成年人成为农夫，市民成为马夫，跛脚者成为门房……成为养牲口的、打鸟的……渔夫站在水中。

马槽管理员必须照顾田里的工作，他的马匹放在田间，他的妻子扛谷子，女儿在河堤上（劳动？），如果他的马逃走，他就会被罚为步兵。

当士兵去叙利亚时，他们既无拐杖，也没草鞋。当他见到狮子时，他不知自己是死是活。敌人躲在草丛中，准备战斗，士兵一边走

① 蒲慕州，《尼罗河畔的文采》，台北：远流出版公司，1993，204—205 页。

一边向他的神呼叫:“来救救我!”

当面包师把面包放到火上去烤时,他的头得伸入炉子里,他的儿子得扶着他的脚。万一他儿子松手,他就会跌到炭火中去。

要做一个书记。他指挥一切的工作。①

这些文字固然是埃及社会中知识阶层的主观印象,是一种文学创作,不乏夸张的描绘,但其中所描述的社会各阶层人民的生活处境,却无疑相当程度地反映了现实的情况。在统治阶层讽刺的描绘中,我们可以直接看到,一个所谓辉煌的文明,其背后的广大民众到底过的是何等生活,而统治阶层对他们所具有的同情心又是何等微薄。

农民生活与土地分配

在古埃及社会中占绝大多数人口的农民,生活是否完全如前文所引的那样悲惨呢？比较贴近实际的答案可能是:由于不同的地区、时代、文献材料和特殊的历史背景,会有不同的情况。下例的文献中呈现的农村生活也许有点悠闲,与改善上面引文比较负面的形象有所不同:

从前有兄弟两人,为同母同父所生,哥哥名叫阿努比司,弟弟名叫巴塔。这阿努比司有家有妻,他的弟弟同他住在一起,有如他的儿子。他替哥哥做衣服,赶牲口去田里工作,替他耕地,替他收割,替他做各类田里的工作……他于傍晚时回到家里,带回了各种蔬菜、牛奶、木材等产品。他将它们放在哥哥面前,后者正和他的妻子坐在一起。然后弟弟吃饱喝足,和牲口一块儿睡在牛棚里。

每当天明后,另一天来临,他就把煮好的食物放在他哥哥面前,然后他带着面包去田里,并且将他的牲口赶到田里去吃草……当犁田的时候到了时,他哥哥就对他说:“去替我们预备一队耕牛,因为

① 蒲慕州,《尼罗河畔的文采》,台北:远流出版公司,1993,205页。

土壤已露出水面，正是犁田的时机。另外，带种子来田里，因为明天我们就要开始耕田了……”①

这是古代埃及流传下来的《两兄弟的故事》中的一段，描述农民的日常生活，相当生动。故事中的哥哥看起来是个地主，而弟弟则是个和佃农身份相当的人物。这里就出现了一个问题：古埃及的土地所有制度是什么形式？

理论上，国王是全国唯一的地主，因为在埃及人的宗教观念中，神明拥有世界，而国王是神的化身。实际上，自有国家以来，土地就会以各种形式分配到人们的手中。有地产的通常是上层阶级，包括王室成员、政府官员、神庙组织。他们的土地则由没有土地的农民耕种，这些农民通常是附着在他们所耕种的土地之上，有权耕种，但必须随着土地所有权的转移而改变其雇主。他们的身份并非奴隶，因为他们有人身自由。只是在当时的生产形态下，很少有农民能脱离土地的束缚。农民是人口的主体，农业是经济的命脉，农民除了在农忙期间要耕作、灌溉、收获之外，在农闲之时还得负担各种强迫劳役，如建造国王的陵墓、神庙，挖掘灌溉渠等。每年的泛滥常常使得田地之间的分界线被冲毁，也因而造成纠纷，于是重新划定田界成为每年泛滥季过了之后的大事。安梦恩欧培在他的训示中就说：

不要移动田地的界石，
不要移动测量的准绳，
不要贪求尺土之地，
不要强占寡妇的田产，
田间阡陌乃是时间造成的，
在田地中改筑通路以侵占土地的人，

---

① 蒲慕州，《尼罗河畔的文采》，台北：远流出版公司，1993，96 页。

月神会发现他。[1]

从旧王朝时代的金字塔到新王朝时代的神庙,大都位于泛滥区边缘的沙漠地带,这一方面是为了避免大水的侵袭,一方面可以利用泛滥时上涨的河水,将建筑材料运到工地。建造这些所谓的公共建筑所需的人力,除了有专业技术的各类工匠之外,大都由农民组成。

农民生活的点滴在壁画中表现得相当详细,可以和前文提到的文献材料相互印证。当收获的时候来临时,先是政府的收税官来到田中估计当年的产量,以作为收税的依据。收割时,妇女和儿童也在田中帮忙,他们可以在收割过后的田中拾穗,作为自己的"红利"。打谷的方式,是先用牲畜拉着一种木橇将穗上的谷子碾下来,再用木鞭将壳与谷子分开,最后将谷子迎风扬起,让风将壳吹走,剩下的就是将去壳的谷子送到仓库中储藏。一般埃及人将谷子磨成面粉以制作各种面包,也用它来做成啤酒。

在家禽、家畜方面,古埃及人表现出一种极高的驯养兴趣。他们除豢养现在已属于传统家禽和家畜的牛、羊、驴、鸭、鹅、猪等之外,也尝试养殖各种野生动物,如羚羊、野鸟等,但似乎并不成功。

在沼泽区,农民们的副业就是渔猎。在充满各种鱼类的水中,埃及人用刺枪、网、钓等方法捕捉鱼类;在茂盛的草丛中,他们用网或回旋棍捕鸟。沼泽中所盛产的纸草(papyrus)是另一种用途极为广泛的植物,除了用来当作纸之外,它的秆可以造船,纤维可以做编织物。

当时农村建筑的形式如何?我们缺乏实物资料考证。现存有关埃及居住建筑的材料主要为贵族住家的模型或图像,考古发掘所得的唯一保存较好的平民村落遗址,是"帝王谷"附近的一座工匠村。一般而言,平民的居家房舍主要是由泥砖墙和草顶建成,无法长存,而许多古代的遗址又被现代的聚落所覆盖,无法发掘。

农民除了从事其本业之外,遇有战事还得充任士兵。第六王朝时代,

① 蒲慕州,《尼罗河畔的文采》,台北:远流出版公司,1993,174页。

一位名叫温尼的官员在墓铭中就曾提到，当战争来临时，必须从各地征集兵士：

> 当王上攻击叙利亚地方的游牧部落时，他召集了数以万计的部队：整个上埃及南从象牙城起，北至麦登尼；下埃及从三角洲到塞吉尔、肯塞吉鲁，以及伊尔切特、梅加、雅姆、瓦瓦特、卡乌等地的努比亚部落，加上帖灭合。①

所以不但埃及人是征兵的对象，连邻近的努比亚地区的人，只要是埃及的盟友，都有参与。一直要到新王国时代埃及才开始有职业军队。

农民如果能够有某种手工技艺，就可以进入工匠业者的行列。在旧王国时代，由于民间的手工、建筑工程大都是自给自足，有专门技艺的工匠大都为政府各机构所雇用。他们的生活情况也许较农民更佳，但亦不能免除强迫劳役。

比农民再低一级的人是奴隶。一般而言，奴隶是可以买卖且没有人格的。埃及的奴隶主要是战争中的俘虏。我们在史那夫鲁的纪年录中见到，他曾在战争中俘虏七千名敌人。这些俘虏应该是被送回埃及，成为贵族或官员家庭的奴仆，属于家内仆役，而不是作为生产的主力，因为生产的主力还是农民。农民是否有变换阶级的可能？实际上，埃及社会阶层的变化并没有一定的规矩，只要有能力或才智，就能进入官僚系统。一般而言，当时人的社会地位为家族世袭，但不同社会阶层之间的流动亦非不可能。第六王朝就有一个由平民成为宰相的例子，可见埃及社会不是一个完全封闭的社会，阶级与阶级之间是可以流通的。一位名为普塔和泰普的宰相曾说："如果你到一位长官家做客，而你知道他的身份十分低下，不可因此而轻视他。"一些墓铭也记载着墓主人由卑微至高尚的例子。

---

① 蒲慕州，《尼罗河畔的文采》，台北：远流出版公司，1993，42—43页。

金字塔下的阴影

埃及在第三王朝到第六王朝之间的发展,不论是有形的金字塔,还是无形的金字塔(国家组织),可以说是一个不断扩张的巨大工程。在这些工程的进行中,古埃及文明的发展盛况空前,在政治、经济、宗教、艺术等方面都为后世定下规模。但是盛极而衰似乎是无可避免的道路,在金字塔的万丈光芒之下,仍不免有一片阴影引人注目,这就是不断扩张后所产生的后继无力的现象。第五、第六王朝的金字塔不断缩小,显示国王所能运用的资源不断紧缩。然而为何国王的资源会收缩?一方面,从第五、第六王朝的一些官员的墓铭中,我们看不见政府的运作有任何明显的乱象。诚然,墓铭中也许多半报喜不报忧,但埃及在第六王朝时曾出兵攻击巴勒斯坦地区,也曾经将南方努比亚地区纳入势力范围,可见政府的实际运作并无异常;但在另一方面,地方势力却有不断增强的趋势,其中表现在各地贵族官员墓葬形制、大小和数目的扩张之上。因而我们所见到的现象看来是国家资源不足,实际上也许是资源的另外一种分配和表现形式。如果追溯地方政府权力的发展,可以看出一些端倪。首先,地方省长的地位就如同宰相在中央的地位,是地方最高的行政首长,处理地方性的一切行政事务。如征兵收税、司法……都是由他总理。在第四王朝或更早的时代中,省长很明显是由中央或王室派出去的,可能是子嗣或是亲信。这种情况到日后渐渐地改变,当一些新兴地方的贵族崛起后,这些地方政府的职位由其掌握,中央政府掌控的力量愈来愈弱。到第六王朝中期时,地方的势力愈加扩张,地方君长的坟墓也愈建愈大。原本在第四、第五王朝时,诸多大臣的墓都是追随着国王,建在国王金字塔的四周。到第五、第六王朝后,各地方的坟墓愈来愈大,人们不再愿意回到王坟所在地盖坟墓,而选择在本地建造自己的墓,这显示地方臣民的自主性愈来愈强,以及地方意识的抬头。相对的,人们对国王神圣地位的认同似乎也越发淡薄。那么这中间是否牵涉宗教信仰的转变?而第六王朝之后,一统的中央政府的逐渐崩溃,则加大了金字塔下的阴影,虽然其中细节尚难了解。

不过,在检讨旧王国时代的结束之前,我们应先了解王权的宗教背景,看看信仰与生活之间的互动关系。

第五章　天上人间——信仰与生活之互动

你应该事事力求完美，直到所行没有任何缺失。公理（玛特）为大，正义长存，自古以来从未受到扰乱。

——普塔和泰普的箴言

王权与信仰

王权的起源和国家的起源相似，应当是在史前时代的部族社会。在埃及进入历史时代的时候，王权已经和宗教产生了密不可分的关系。所谓"国之大事，在祀与戎"，虽是中国春秋时期的《左传》中的说法，但也适用于埃及。在国家统一之后，原本各地方部族所崇拜的神明应如何对待，是政府必须处理的问题。我们知道，在早期王朝时代，由史前时代所遗留下来的各地所崇奉的神明，大多继续存在。其中，又以上埃及地区的天神霍鲁斯、太阳神雷，下埃及地区的风暴之神塞特等最为重要，不过此时他们大都已经超越了地域性，成为全国性的神祇。与国王关系最为密切的，是霍鲁斯，这可以从此时国王名字前大都冠以"霍鲁斯"之名而得知。前面也曾提到，第二王朝时也有国王的名字前被冠以"塞特"之名，应该是塞特的崇拜者。有学者因此推测霍鲁斯和塞特代表上下埃及的两大势力集团，在王国统一之后仍继续有冲突发生。第三王朝之后，霍鲁斯的势力获得胜利，塞特从此和王权绝缘。到了旧王国末期，国王的名字前又加上"雷之子"的称号，表示另一层次的王权和神权的结合。

在成熟的王权观念中，国王即是霍鲁斯的化身，因而具有神性，这一观念反映在他拥有的五种名号中。除了上面提到的"霍鲁斯"和"雷之子"之外，尚有所谓的"两女神"（指的是上埃及的兀鹰神和下埃及的眼镜蛇神）、"金霍鲁斯"和"上下埃及之王"。从这五种名号中，我们可以看到王权的宗教基础在于他是神——太阳神雷——的儿子，而他的统治基础则在于这种宗教基础为上下埃及所共同信服。

由此看来，王权的根基与宗教的关系是非常深的，虽然不能说它是唯一的关系。不过，若是没有宗教的支持，埃及的王权可能不会有后来的发展。而王权和神权结合，以及不同信仰传统之间结合最具代表性的例子，就是霍鲁斯和奥塞利斯关系的建立。这两个原本可能没有关系的神祇，到了旧王国时代，在神话传说中成为父子。神话的主题，如我们在第一章所说，是正义和邪恶之争，是秩序和混乱之争，而奥塞利斯的死后复活，以及霍鲁斯的为父复仇，就是正义和秩序的最后胜利。当这段神话被用来解释王权的性质时，国王的去世被认为是宇宙间恶势力对既有秩序的破坏，而每一个新登基的国王则是霍鲁斯，替父王奥塞利斯复仇。于是王权的合法性就与宗教和神话合并，权力的传递就是神话的不断重演过程。奥塞利斯与霍鲁斯和王朝政权传递的关系的神话，可能是在《金字塔文》产生的年代，也就是第四到第五王朝中间，所逐渐形成的。对埃及人而言，当前任国王死后，新的继位者经过某种程序及加冕仪式后，便得到合法的权力。

当然，我们不能忽略，除了宗教的因素之外，一个政权的逐渐成形，其背后总是有它的一组利益集团在支持。谁掌握利益集团的中枢，谁就具有神力。埃及的王成为一个神，成为整个国家的中心，在第三王朝时就已经可以明显看到。法老王等于埃及，这种普遍的信念遍及埃及所有文献之中。

由于国王有如此神性，他和所有的埃及人之间都隔了一道不可跨越的界限，臣子对国王的崇拜也有如神明。这种情况可以从各类的公共建筑、碑铭、政府文献之中看出。《金字塔文》中有一段咒语说：

> 你的卡(ka)的使者来召唤你，你父亲的使者来召唤你，雷的使者来召唤你。随你的太阳去吧！洗净你的身体，你的骨骼乃是那天上的神鹰的骨骼。愿你去到神的身侧，愿你离去并高升到你的儿子

身旁，愿你逮捕任何向你的名口出不逊者。

向上去，你将在银河中沐浴，你将在霍鲁斯刚强的手臂之上，雷的崇拜者会向你欢呼，因为那不朽之星将你高高举起。

上升到你父亲那儿，到葛伯那儿，他会把霍鲁斯额前的灵蛇给你，你就会拥有灵魂、权力，你就可以成为西方众人的首领。①

虽然如此，这并不表示埃及人就完全无视国王本身其实不过是一个凡人的事实。有许多的机会可以让埃及人知道国王并不是神，而只是普通人。一个有名的例子：第六王朝官员哈尔互夫保存在墓铭中的一封国王裴皮二世（那弗卡雷）写给他的信：

第二年，第一季的第三个月，第十五日，国王给唯一密友、祭司、侦察队长哈尔互夫的诏令。你送到宫中，向国王说明你已由雅姆率领随你而去的军队平安回来的信已经收到了。你在这封信中说，你带回各种令人惊奇的美丽的礼物，是伊玛之女王哈托送给那弗卡雷的“卡”。你在这封信中说，你从南方带回了一名侏儒，就像神明掌印官巴威尔德在易色西王时代由普恩特（Punt）所带回的侏儒一样。你告诉我说，从来没有人从雅姆带回像他这样的人。

你真知道如何行你的主上所喜欢和赞赏的事。你真是日夜计划行你的主上所爱、所赞赏、所命令的事。我将给你许多荣耀，及你的子孙，当人们听到时，会说：“有没有任何事比得上哈尔互夫在从雅姆回来后因为他的作为杰出，奉行国王所喜欢、赞赏以及命令的事，而得到的奖赏？”

立即北来王宫，带着这名你从南方带回来的侏儒，安全而健康地前来，好跳“神之舞”来娱乐国王那弗卡雷的心。当他随你乘船前来时，让可靠的人围在他四周，以防他落入水中。当晚上睡觉时，让可

① 蒲慕州，《尼罗河畔的文采》，台北：远流出版公司，1993，116—117页。

靠的人躺在他帐篷中围绕着他。每晚检查十次。朕想要见他,甚于西奈和普恩特来的礼物。

当你抵达王宫,而这名侏儒是安全、健康的时,朕将重重地赏赐你,比易色西王时代神明掌印官巴威尔德所得到的更多,由于朕期望见到这名侏儒,命令已经传达至各市镇的首长及大祭司,要求每一间仓库以及每一座没有豁免权的神庙都提供补给。①

写这封信的国王裴皮二世此时大约只有六岁,仍是个幼童,若说如此天真的一封信(即使很可能是经由大臣的转达旨意)能够引起任何人对他的崇敬,认为他具有神性,实在是不可思议。因而王权之神圣性和国王个人是否有神性其实是两件事,埃及人在文献中即使表现出对国王神性的信仰,也并不妨碍他们清楚地知道国王也不过是一个人的事实。

政治权力与信仰之间的密切关系显然是埃及宗教文化的一种特色,但若除去了宗教中的政治意义,还有什么特性?埃及的神明具有何种性质?埃及宗教信仰除了向神明祈福等所谓的一般宗教信仰的特性之外,有何特殊的义理?宗教和伦理的关系又如何?

神明与宇宙

我们在前文中已经接触到许多和古埃及宗教相关的材料,现在必须比较系统地讨论其神明的性质和宇宙观,以求一个比较全面的了解。

宗教一词,拉丁文作“religio”,原来的意思是“遵循神圣的仪式”,而所谓的神圣,是指一个信仰系统中的人认为非常重要、有权威,可以为生命和世界定义的一些存在体,如神灵、传统、原则等。我们也可以说,任何一种宗教,基本上表现出的是人对于人之外的力量的一种信仰。为什么说“人之外的力量”,而不说“超自然力量”?因为在许多宗教中,作为信仰对象的某些力量虽常常是自然界之外的力量,也就是所谓的超自然力

---

① 蒲慕州,《尼罗河畔的文采》,台北:远流出版公司,1993,48—49 页。

量,但也有可能是自然界之内的力量。人们并不见得对这些力量一定会有恐惧,反而有时会设法对抗这些力量。这些力量也会透过一些媒介和人接触,如祖先、神灵、鬼魂等特定的个体,或者是一些自然现象,如风、雨、雷、电等。所谓的宗教活动,就是人和人之外的力量之间的往来所造成的现象,如崇拜的仪式、宗教的祭典,与各种象征物、神庙与祭品。从历史的角度来看,我们对历史上的宗教现象所能看到的,就是这些人和人之外的力量来往后所留下来的痕迹。这些就构成了我们研究古代宗教的材料。

就古埃及而言,这些材料是相当丰富的,现在我们所有关于古代埃及的物质材料中,相当多的一部分可以归类在宗教遗迹的范围之中,如金字塔、神庙、坟墓都是属于宗教性的建筑。而旧王国时代所谓的世俗文献,如个人坟墓中的传记,也是充满了宗教性的文辞,几乎可以视为宗教性的文件。从其中可以了解的个人的生活不多,但对他们宗教信仰的了解却是不少。在旧王国时代,除了这种个人性的文献之外,还有大宗的文献,就是第五王朝之后诸王金字塔中发现的《金字塔文》。这些是研究埃及宗教信仰中很重要的一批文献。

宗教信仰中最重要的便是神明。埃及人信仰哪些神?这些神又具有哪些性质?大致而言,埃及的神明可分成三类:一类是所谓的动物神,具有动物的外形。如阿努比斯是一只黑色有点像豺狼的狗,有时以人身狗首的形态出现,是主持制作并保护木乃伊的神明;霍鲁斯则是一头老鹰,代表国王,亦以人身鹰首的形状出现。依某些学者的说法,这些神是由于古代人们看到自然界的动物具有一些人所惊异且不能理解的现象,因此把动物当成是一种信仰的对象,即所谓动物崇拜。不过也有学者认为这并不是因为人对动物的实体崇拜而来,而是人对动物背后所代表的力量的崇敬。有的时候,这些神明的形象是兽头人身,可能主要是动物神拟人化的结果。

第二种神明的形态是人形,如孟菲斯(Memphis)的工艺及创造之神,名为普塔(Ptah),在埃及艺术的表现中,永远是以人的形状出现。是人的形状的神就不能说是动物崇拜。这种神是怎么来的？其实早在希腊时代就有人主张，远古时代的神其实是英雄人物被神话之后的结果，就是所谓的神化论。奥塞利斯和艾西斯自然也是人形的神明，有关他们的传说更符合神化论的说法。不过我们必须持保留态度，至少艾西斯的名字其实是“座位”的意思，也以一个座位为符号，可能表示她原本是奥塞利斯的座位，而在拟人化的过程中，她成为奥塞利斯的伴侣。

此外，第三种形态的神明，是由抽象的概念拟人化之后所产生的，最重要的神明就是玛特（Maat），代表宇宙间永恒不变的正道或者真理。这一个观念被拟人化，以女神的形象出现。基本上埃及的神的形象有这些不同的来源。但埃及人是否对所有的神一视同仁呢？答案是否定的。实际上每一个地方的埃及人都崇奉当地的主要神祇，但不只是这样，因为他们也崇奉一些全国性的大神。这些大神如阴间之主奥塞利斯便是很重要的神明，为全国所信仰。其他还有一些大神如普塔、太阳神雷等也都在各地受尊崇。有些全国性的大神，在不同的时代会有不同的发展。如中王国时代，底比斯的地方神安梦（Amun）由于底比斯成为国都而变得重要，成为全国性的大神。

此外，又有不同神明彼此结合的情况，如女神哈托，她原本是埃及文“霍鲁斯之屋”（hat-Hor），也就是“霍鲁斯的保护者”的意思，所以可以说是起源于一种抽象的观念，但实际上她既然为霍鲁斯的保护者，就和他的母亲一样，因而她的形象之一为一个女性神，后来与艾西斯其实很难区分。但是埃及另有一个神明，是一头母牛，所掌管的也是保护生养，于是埃及人就将母牛的形象与哈托结合，在许多时候，她的形象有时为一头母牛，国王（霍鲁斯）蹲跪在她腹下吮乳汁。当她以人形出现时，头上也会有一对牛角，提示她和母牛神的关系。另一重要的神明图特则为智识之神，据说为埃及文字的创造者，为死者在奥塞利斯面前接受审判时的记录者，也有两种形象：一是鹭鸶，一是狒狒。这两种形象显然也代表两种不同神明崇拜系统，后来统合为一。

如果要问，埃及宗教有没有一种神学系统，或者宇宙论之类的概念？

答案是，埃及宗教基本上是有一些系统存在，不过这些系统由于源自不同的地区，因而各有特色。目前已知的宇宙起源论，至少有三种，首先是孟菲斯系统。根据这系统，孟菲斯的工匠之神，也是世界的创造之神普塔。他是先天地之生而生，在世界还没有产生之前就已经存在了。他经由思想和言语创造了世界，也就是说，凡是他心里所想、嘴巴所说的东西，就会被创造而存在。世间一切，包括其他的神明，都是由普塔的心思和语言所创造出来的。这系统虽应是旧王国时代的产物，但相关的文献是第二十五王朝时代法老夏巴卡（Shabaka）下令刻在一块石碑上的文本。由文中记载看来，这文献原本是写在草纸上或皮革上的，由于年代久远，遭到虫蛀，因而有些地方已经残破而不知所云了。由于文字的结构极像旧王国时代的作品，因而有学者以为原件应该是旧王国时代传下来的。文中有关普塔创造世界的部分如下：

阿图（Atum）的形象在心中，在舌头上成形。因为伟大的普塔经由他的心和舌赐给所有的神明和他们的卡以生命。而霍鲁斯以普塔之形象出现，图特以普塔之形象出现。

所以心与舌控制四肢，因为他（心、舌、普塔）在所有神明、人、牲畜、爬虫、生物的身体中和嘴中，想他所爱想的，说他所希望说的。

他（普塔）的九神在他之前，如牙齿和嘴唇。他们是阿图的精液和双手。因为阿图的九神乃是经由他的手指和精液而出生。但九神又是这嘴中的牙齿，宣读所有东西的名字，舒（Shu）和特芙努（Tefnut）由此而出生，九神由此而出生。

视力、听力、呼吸——他们向心报告，产生所有的了解。而舌头，它重复心所构思的事。于是所有的神明都诞生了，他的九神完全了。因为神的每一句话都是经由他的心所构思，舌所说出的。经由这些话，所有创造粮食和装备者的知能都已创造，所有的性质都已决定。于是那行为人所喜之事的人得到正义，行恶事者则受到惩罚；于是生命被赐给和平者，死亡被赐给犯罪者；于是所有的工作，所有的手艺、

> 手的动作、腿的运动，所有肢体的动作，都是经由心所构想、舌所说出的命令而产生的。
>
> 所以普塔被称为“万物和神明的创造者”。他是塔添能（Tatenen），生了所有的神，创造了所有东西，食物、粮饷、祭品等所有的好东西。所以人们知道且承认他是最伟大的神明。于是普塔在创造了万物和所有神圣的语言之后感到满意。①

这种说法或许是孟菲斯的教士所产生出来的，为了推崇他们自己的神，使他变为埃及最主要的神。普塔创造世界，虽然可以被视为是实质的口舌之动，但也很可能是一种譬喻，说明宇宙万事万物的根源其实是一种“纯粹的观念”。这与后世犹太教的想法有相类之处。在《旧约·创世纪》中，上帝创造世界的过程也是所谓的“心想事成”，因为神之本质即是一纯粹的理念。这段孟菲斯神论，不论是否为一个人的作品，或者为长期演化的结果，都显示当时埃及教士们的宗教思想已远远超过动物崇拜的阶段。在这系统中，普塔其实已经是宇宙万物的唯一创造者，因而可以说它已经包含了一神论（monotheism）的基础，是经过深思之后的概念。

另一种以孟菲斯附近的太阳城为中心的系统认为，在世界未被创造之前，有一大神阿图，阿图自我受精而生出空气（舒）和水汽（特芙努）；空气和水汽结合，生了天（葛布，Geb）和地（奴特，Nut）；天地结合，又生了奥塞利斯、艾西斯、塞特、那芙提斯四个子女，这四神即为世间一切的创造者。这种解释宇宙生成的系统颇似“道生一，一生二，二生三，三生万物”的说法，即为宇宙的构成找寻一种合理的发生过程。当然，埃及的这个系统的前半部也许尚包含了一些唯物式的观察，但后半部则回到神明创造的模式。这系统中的诸多神明原本散在各地，出现的时代先后不一，但在此被编入一个神谱，建立彼此之间的关联，当然有其政治背景的考虑。太阳城神庙在第五王朝时代变得更为重要，在神明的谱系上享有中心地位，

---

① 蒲慕州，《尼罗河畔的文采》，台北：远流出版公司，1993，134 页。

是有利益的。此系统的原始大神阿图的名字亦有深意:一方面,在埃及文中"atum"意指"完全",也就是说阿图是最完美、最无所不包的存在,亦即万物的创造者;另一方面,"atum"又具有"不存在"的意思,即在宇宙万物创生之前,一切只是一个"无"。如此看来,"无"与"全"原为一物之两面。这种想法,岂不与中国道家的说法暗合?

第三种有关宇宙创造的说法来自上埃及南方的赫莫波利斯城(Hermopolis),创世的过程也是相当抽象。根据这种系统,在最早的时候,世界是一片混沌不明,而后有四对男女神祇出现,这八个神创造了世界,他们分别代表"黑暗"(Khuk, Kakhuet)、"深邃"(Nun, Nannet)、"不可见"(Amun, Amenet)、"无边"(Huh,Hauhet)四种性质,显然这是对于混沌时代的一种描述。这系统可能是最具抽象思考的宇宙生成说,但它只限于描述宇宙初创时的状况,对于宇宙创造的过程则并没有进一步的发挥。

这三个不同系统的说法都是以某一个城市为中心发展出来的。对于推出某一个城市作为一个主要的宗教信仰中心来讲,将本城的主要神明置于一种系统的中心位置,显然是有收编其他城市的神明的一种宗教政治的内涵。我们虽不知道这些系统是如何产生的,但不外是神庙中祭司阶级的作为。我们并不清楚对于一般埃及百姓而言他们是否也明白这些系统的内容和差别。对他们而言,信仰活动主要是在对神明的祭祀和祈求上。于是问题就在于他们所祭祀的对象到底有何能力,能为人们做些什么。

必须先讨论的是,埃及人所谓的神具有什么性质?是否有一个抽象的"神"(god)的观念?在埃及文中有一个常见的符号,是一个旗杆上挂着一面旗子,这个符号是发"nature"的音。通常埃及学者把它译成"神",意思是泛指一切的神明(god),而非基督教所谓的唯一神(god),当然也不见得是指宇宙万物的创造者。在许多文献中,尤其是智慧文学(教导为人处世的社会伦理的教材,类似家训的东西),其中就常常出现这个字。著名的《安梦恩欧培的箴言》中有一段文字:

不要躺在床上担心明日：
"明天来临之后会如何？"
人无法知道明天会如何，
神从来就是完美的，人从来就是失败的。
人说的话是一回事，神做的事又是另一回事。
不要说："我没有做错事。"
然后极力要求辩解。
犯错的人受到神明的管制，
他以他的手指封定判决。
神明之前没有完美的事，
他眼中只有失败。①

这段文字中，神明是没有名字的，也许是一种抽象的"神"，有人因此认为埃及人有抽象的神的概念。但在很多时候，当神这个字被提到时，其实并不是一个抽象的神的概念，而有其具体指称的对象。

基本上，每一个神明都有其能力范围，如奥塞利斯是在西方世界作为所有死者的主宰，也是生殖之神。艾西斯是帮助奥塞利斯死后复活的忠实妻子，同时也掌管生殖。塞特在奥塞利斯神话中虽扮演恶者的角色，但其实也一直是风暴和战争之神，例如在第十九、二十王朝时，塞特在国家宗教中的地位相当重要。霍鲁斯为国王的保护者，国王则是霍鲁斯的化身，因而王权的保障即是霍鲁斯的职掌。当然，这些还都是全国性的大神，而在每个不同的地方，当地的地方神也许会成为无所不能的神明。当该地变得重要之后，地方神也会升格为全国性的大神，底比斯的主神安梦在中王国之前原本并不重要，但在中王国之后，由于底比斯成为首都，安梦的地位也随之上升，到了新王国时代，他成为全埃及最重要的大神，又与太阳神雷结合，成为安梦雷（Amun-Re）。另外，一般人民在日常生活中

① 蒲慕州，《尼罗河畔的文采》，台北：远流出版公司，1993，183 页。

所信奉的，则有专为解决某些特定问题的神明。如女神陶乌瑞特（Tawer-et），形状是河马、母狮和鳄鱼的综合体，她的主要功能只有一项，即帮助妇女怀孕。不孕妇女向她祈求，即可如愿以偿，颇似中国的送子观音。又如形状丑恶的毕斯（Bes），可说是一般百姓家必拜之神，作用是保护一家大小平安无灾，似中国民间所奉的灶神。

至于每个神明的性格，除了他所具有的功能外，其他比较难以掌握。埃及固然有一些神话传说，其中不乏对神明的描述，但大都难以构成完整的面貌，这当然是埃及宗教文献和神话表述的特殊情况所造成的，这点与希腊不同。希腊神话中的神明，因史诗和戏剧的铺陈，而有一些鲜明的个性。埃及神话则多为片段，例如在一则与太阳神雷和女神哈托有关的“人类之毁灭”的神话中，太阳神雷被描绘为一位年老的神明，恐惧人类反叛他，就命令女神哈托去将人类全部灭亡。但是当哈托的工作做到一半时，雷不知为了什么又后悔了，于是他下令造了红色的啤酒，充满大地，让嗜血的女神误以为是人血，喝醉了酒，于是人类得到解救。在这则故事中，雷的性格看来是易怒而不稳的，而哈托则成了沙漠中嗜血的母狮，似乎都与两者在其他宗教文献中的公正而慈爱的形象不甚相符。其实如果将这故事以文学作品视之，倒与《荷马史诗》中所描述的有诸多缺失的奥林匹斯诸神有可比拟之处。这也指出希腊神话的问题：《荷马史诗》中的诸神虽然个性鲜明，但多半是文学的描述，而一般百姓日常崇拜中的神明可能仅如埃及的神明一般，具有各种保护功能，但缺乏独特的性格。

至于埃及神明所具有的人兽合体的形象，应如何解释？早在古希腊时代，希罗多德便在他的作品中嘲笑埃及人的动物崇拜。现代学者又是如何解释这种现象呢？有一种说法是将神明的图像不当成对神明的描绘，而是把它当成文字或符号来看待。由于埃及文本身就是图画，故要表现任何抽象的东西的时候，仍要靠图画来表现。因此，一个兽头人身的神明的头代表的是那个神明所具有的特性，因为埃及人必须以具象的东西表现抽象的概念。这种解释固然可以稍解现代人无法了解古代动物崇拜的疑惑，但不能完全否认埃及人曾经真正有以动物为神明的信仰。

宗教与社会伦理

宗教与伦理道德的关系也是相当密切的。任何社会中,人对神的信仰通常都会跟社会正义连上关系,因为神是公义的最后裁判。人若要神的保护,其一切作为必须合乎神允许的社会规范,这是必要的条件。然而什么是神所允许的社会规范?不外是那个社会中长期发展出来,为人们共同认可的行为和观念,这些行为和观念再经由宗教的保证,就成为神明的意旨。因此宗教信仰与社会规范有关系是相当自然的。

埃及宗教中一项最特殊的观念,与伦理道德有直接的关系,就是"玛特"。这个观念的含义相当广,在法律和道德方面,代表"公理""正义";在宇宙秩序方面,代表"常道""谐和",埃及人认为它是宇宙创生时最初的状态,也是最终的状态,一切变动都是对这种完美状态的破坏,都是暂时的,最后必然会统一在"玛特"之中。它是一切事物的完美状态,一切与它不和的情况都将被消灭。因为"玛特"就是埃及宗教和伦理道德观念的桥梁,对埃及人来说,人世间的事务和人的行为应该要符合"玛特",因为那是神的旨意。正如智者普塔和泰普所说:"你应该事事力求完美,直到所行没有任何缺失。公理(玛特)为大,正义长存,自古以来从未受到扰乱。"①如果借用中国固有的词语,那么道家所谓的"道"可以相当有效地表达玛特的内涵。

那么又有什么办法可以保证人在世上的行为能合乎道德准则?埃及人的解决之道是死后的审判。这死后审判的观念和奥塞利斯信仰发展成为一般大众的信仰有很大的关系。所谓的死后审判,是指人死之后必须在死者之神奥塞利斯面前接受一次审判,看看他在生前是否曾犯过任何罪过。审判的方法是将死者的心放在天平上,另一端放着象征"真理"的羽毛。两者若不平衡,则死者的心将被一怪兽吞食;若平衡,则可以前往西方永生世界。有趣的是,在审判前,死者必须回答神明的问题,并且一

---

① 蒲慕州,《尼罗河畔的文采》,台北:远流出版公司,1993,143—144 页。

一否认自己曾经犯过任何错误：

我没有对人行恶。

我没有虐待牲畜。

我没有在神圣之处犯过错误。

我没有知道那不该知道的事。

我没有见到罪恶。

我的名字没有为神明所知。

我没有对神明不敬。

我没有对穷人行凶。

我没有行神所恶之事。

我没有诽谤奴隶。

我没有使人生病。

我没有使人哭泣。

我没有杀人。

我没有下杀人的命令。

我没有让任何人受苦。

我没有削减神庙中的廪食。

我没有损坏神明的面包。

我没有偷走死者的祭品。

我没有和小男孩有性关系。

我没有自渎。

我没有减少谷物量器。

我没有削减土地。

我没有诈骗过半亩土地。

我没有增加天平的重量。

我没有减少铅锤的重量。

我没有将奶自婴儿口中夺走。

我没有将牲畜赶离牧地。
我没有捕捉神庙所拥有的鸟类。
我没有在神庙的沼泽中捕鱼。
我没有在泛滥期拦水。
我没有用坝拦水。
我没有任意熄灭火种。
我没有忽略定时献祭。
我没有抢夺属于神明的牲口。
我没有阻止一位神的出巡。
我是无辜的！无辜的！无辜的！无辜的！[①]

这是所谓的《死者之书》中的一段。《死者之书》是在新王国时代之后才开始流行的随葬用咒文集，但它的源头可以追溯到旧王国时代的《金字塔文》以及中王国时代的《棺木文》，基本上都是帮助死者在死后世界通过各种难关的咒文。从这些否认错误的宣称中，我们可以看见所谓的社会道德的具体内容，更可以生动地想象当时日常生活中的各类情景。这些社会道德和行为准则在另一类所谓“智慧文学”的作品中也有相当多的着墨。这类作品通常都是以一种家训的形式出现，以父亲教训儿子的情节为架构，也因而充分表现出了埃及父权社会的性质。例如《安梦恩欧培的箴言》中就有下面的文字：

第二章
不可抢夺那穷苦的人，
不可压迫那行动不良者，
不可伸手阻挡一位老人，
也不可与长者争辩。

① 蒲慕州，《尼罗河畔的文采》，台北：远流出版公司，1993，120—122 页。

你不可做卑鄙的事，
也不可与做那种事的人为友。
不可对攻击你的人大声呼号，
也不可为自辩而回答他的话。
那行恶的人，河堤会背弃他，
洪水会将他冲走。
北风降临，与风暴结为一体，
结束他的时日……

第三章
勿与好辩之人起纷争，
不要以话语刺他，
在对手前稍停，在敌人前弯腰，
在说话前先睡足，
一个暴躁的人发作时，
就如烈火烧干草所引起的风暴，
离开他，让他去，神明知道如何回答他。
如果你生活时将这些话放在心中，
你的子女也会遵循它们。
……

第五章
不要在神庙的粮饷上作弊，
不要贪得，你会获益。
不要为了他人而调开一个神的仆人，
不要说："今天和明天一样。"
这样当如何结束？
明天一来，今天消失，

沧海成桑田，
鳄鱼浮出水面，河马沉入泥淖，鱼儿挤成一团。
豺狼餍足，鸟儿饱餐，渔网空空。
但神庙中所有的沉默者说：
“雷的祝福真伟大，
保持沉默，你就可以得到生命，
你将在世上发达。”

第六章
不要移动田地的界石，
不要移动测量的准绳，
不要贪求尺土之地，
不要强占寡妇的田产，
田间阡陌乃是时间所造成的，
在田地中改筑通路以侵占土地的人，
会被月神所发现。
注意那做这种事的人，
他是压迫弱者的恶棍，
一个欲摧毁你的敌人。
他的眼露杀机，
他的家是社会的敌人。
他的粮仓会被销毁，
他的财产会从他子女手中没收，
他的财产会被分给别人。
慎勿毁坏田地的界线，
以免(天)怒将你带走。
人以上主的大能来求神的喜悦，
当他保持田界公正之时……

……

第九章

不要与急躁的人为友，

不要与他谈话，

不要对你的上司回嘴，

小心不要侮辱他。

不要让他找到机会以话套住你，

也不要放松你的回答。

与地位和你相当的人交谈时，

注意不要冒犯他。

当人愤怒时，他的话比风和水还快。

当他使用他的怨言时，

他用他的舌头恣意摧毁或重建，

他应该为他所说的话挨一顿打，

因为它的作用是坏的。

他航行天下，但所载的货全是谎言，

他好似编织故事的摆渡者，

来去都不断地争辩。

当他在家中吃喝时，

在外面都可以听到他的话。

当他的恶行令他被控告到法庭

……

就祸及子女。

愿克农神来对付他，

暴躁者的陶铸者，愿他重捏他的心。

他有如农庄中的一只幼狼，

他制造纠纷,使兄弟相争。
他如云似的跑在风的前面,挡住了日光。
他如小鳄鱼般地拍动尾巴,
侧身而上,准备攻击。
他的嘴唇甜蜜,舌头苦涩,
他的内心燃烧着火焰。
不要前去接触这样的人,
以免被控告。
……

第十一章
不要觊觎穷人的财物,
也不可贪图他的面包。
穷人的财物有如喉中之鲠,
它使人呕吐。
靠说谎欺骗而获利者,
他的心为腹所误道,
有弊端之处就缺乏成功,
邪恶弄坏善良。
你在你的上司前会被判有罪,
言辞混乱,
你的倾诉所得到的回答是一阵咒骂,
你匍匐在地,结果得到一顿鞭打,
你吞下一大口面包,又吐了出来,
而你失去你的粮食。
看那欺侮穷人的人吧,
当他被绳之以法时,
所有他的同伙都被逮捕,

他会被送到刽子手那儿去。
如果你在上司前被释放，
你仍会被下属所憎恶。
不要接近路上的穷人，
注意不要靠近他的财货。
……

第十三章
不可以笔或文字欺骗人，
神明厌恶此事，
不可作伪证，以至于用你的舌头将一个人扫开。
不可向一个一无所有的人征税，
因此而误用你的笔。
若你发现一个穷人负了一大笔债，
把它分为三份，
忘掉两份，留下一份，
你会发现那是活命之路。
当你早晨由睡眠中醒来，
你会发现那是好消息，
人们的赞扬和敬爱，
比仓库中的财富更为美好，
快乐的心所拥有的面包，
比焦虑所拥有的财富更为有益。
……

第十六章
不要移动天平和砝码，
不可削减度量的分量，

不可贪图一块田地，
亦不可忽略仓库的财物。
狒狒坐在天平旁，
他的心在砝码中，
哪儿有比图特更伟大的神明，
能够发明并且创造这些东西？
不可为自己制造不足重的砝码，
它们会因神明的愤怒而带来悲伤的财富，
如果你看见有人欺骗，
不要接近他。
不可贪求铜器，
鄙弃美好的麻布，
若一个人在神明前欺骗，
他穿得再好又有何用处？
琉璃伪装成金子，
有一天会变成铅块。①

我们大量地引用了这段文字，目的是在为读者提供足够的材料，来推想埃及社会中流行的价值标准，也可以相当详细地了解当时的人生活中可能遇到的困难和纠纷。此文虽为新王国时代的作品，但其基本精神和旧王国时代仍极为相似。可以说，埃及人的社会价值和任何一个农业社会中的价值都相去不远，人必须诚信无欺、善修其身、敬畏神明。当然，文中告诫人不要触犯的错误，其实正是任何一个社会中很难真正消除的问题。埃及人以他们的经验和智慧教导子弟，在千载之后的现代社会，似乎仍然有其适用之处。

---

① 蒲慕州，《尼罗河畔的文采》，台北：远流出版公司，1993，172—183 页。

永生的世界

当人们在世上的日子结束之后,会是怎样的一种情况?灵魂如果存在,将会在何处生存?这是亘古以来人类社会无时不有的问题。由史前墓葬中所用的随葬品来看,当埃及人使用随葬品时,已经是相信灵魂存在的一种表现,因为随葬品的作用,不能说是纯粹由于情感的因素,是生者认为死者的东西应随他而去,因为显然并不是所有死者生前的东西都会成为随葬品。一般而言,生活用品是主要的随葬器物。史前墓葬中通常会有一些陶罐,有时亦有饰物、日用工具等,这些物品的意义应该是,人们觉得死者尚有某种生活上的需要,也就是说,死者会以某种形式继续活着。这活着的状态到底如何?埃及人很难跳出生存者的生活经验来想象,因此在第一王朝的一些墓中,可以看见埃及人给死者随葬真实的食物和饮料,意思是他们相信或者希望,死者在进入另一种存在状态时仍然会有与他活在世上时相同的需要,甚至有可能继续如生时一般的生活起居。

到了旧王国时代,当时流行的死后世界观,在贵族墓葬中有相当丰富的表现。墓葬中有几项要素:死者的雕像、假门、墓碑、壁画。雕像的意义在于它具体地代表死者的身体,因为埃及人相信人死之后仍可复活,而复活之后,必须得有一具躯体供灵魂回归。假门的设置是象征死者复活之后可以从门中走出,门上刻画有死者在祭品桌前接受祭品的情况,以及死者的头衔和名字。有时候门中有一死者的雕像,表示死者复活之后由门中走出的情况。壁画上通常以死者日常生活的情境为主题,包括墓主人的各种活动,或者家中仆人工作的情况,有时也有葬礼进行的描绘。这些有关日常生活的描绘究竟应如何解释,是墓主生前生活的描绘,还是他在来世中所可能过的生活?其实两者应该都成立,旧王国时代的墓室中,有许多情景应是描绘墓主家居生活或者外出打猎的光景。但到了新王国时代,有不少壁画的确是描绘主人在西方极乐世界中的生活,譬如他们出现在田中耕地、收割,但实际上作为贵族,他们原本是不必做这些工作的,因而这类情景很明显是作为死后世界的象征。

如果说人死之后会到一个死后世界,那么这世界到底在哪里?埃及人在不同的时候有不同的想法。旧王国时代,由《金字塔文》可知,国王死后是会去天上,与日月星辰为伴。至于一般人,虽然文献中没有明言,但应该是去“西方”。为什么是西方?主要的原因应该是西方为日落之处,日落象征太阳的暂时死亡,因此死者被埋在西方墓地中。也有部分原因可能是他们相信太阳下去还会再出现,因而西方为墓地,同时也是复活的世界。奥塞利斯是死者之神,他的头衔之一就是“西方众人之主”。此外,自从史前时代开始,埃及人的墓地就设在尼罗河西岸的沙漠边缘,这是否表示西方为人死之后的归宿的观念在当时已经存在?或者是由于人们在西方埋葬的习俗逐渐塑造出西方为死后世界所在的观念?我们无法做最后的判决。除此之外,死后世界也可能在东方。《死者之书》中有一段对东方死后世界的描述:

> 我知道那东方的中央大门,雷(太阳神)从中出现。它的南方是卡(鸟)栖息的池塘,雷在其中乘风扬帆;它的北方是罗(鸟)的水域,雷在其中划行。我是神明船上的掌索水手,我是雷的大船中永不疲倦的桨手……我认识雷的芦苇地(即死后乐园)。它的围墙是金属的,其中的大麦有四尺高,麦穗有一尺长,麦秆有三尺长。那儿的燕麦有七尺高,它的麦穗有两尺长,麦秆有五尺长。九尺高的居民和东方的灵魂一同收割。①

有的时候,死后世界被称为“祭品之园地”:

> 祭品之园地咒文:……霍鲁斯被塞特掳获。我看见那攻击祭品之园地的人,我解救了霍鲁斯,开启了雷之路。这一天,天因塞特而

---

① J. B. Pritchard, *Ancient Near Eastern Texts Relating to the Old Testament*, Princeton: Princeton University Press, 1965, p. 33.

悲伤，水因塞特而愤怒地激起风浪，因为风给那在母胎中的霍鲁斯带来生命之气息。

我在祭品之园地的湖中的大船中划行，我由舒的手中接过此船，他的手臂和星星是年岁和季节。我在园地的湖中划行，抵达了它的居处……

我征服了这园地，我认识它。我在其湖中划行，抵达它的居处。我的言语变得有力，比那些受祝福的死者更能言善道。他们不能胜过我，我为这园地带来了您（园地之神）所喜爱的成就，风之女神。我在其中成为受祝福的一员，我在其中吃喝，在其中耕作收割，在其中碾谷子，在其中交媾，我的法力在其中成长。①

由前面所引的文献看来，古埃及人对死后世界有相当丰富的想象，其中以西方为一个比较普遍的方向，但是这世界的具体情况并不一定是在一个统一的死后世界观之中。

讨论死后世界，自然必须谈到灵魂，因为那是灵魂的归宿。在中文世界的观念中，灵魂是人死之后非肉体性的存在状况。在先秦时代，也有魂魄二元的说法，认为人死之后，魂上天，魄入地。但到了汉代之后，魂魄之间的分别逐渐消失，又逐渐和鬼的概念相结合，显示人们对于人死之后的存在状态一方面并不完全确定，另一方面也不断有所变化。古埃及人则不大一样，他们认为人有三种不同性质的灵魂——“卡”、“巴”（ba）、“阿赫”（akh）。“卡”是一个人最重要的特质，通常以人形出现，墓中的人形雕像就是墓主人的“卡”雕像；“巴”常以一只人头鸟的形状出现，时常守在死者的木乃伊旁，有时也可以飞到墓室外去，可说是人死后的形象；“阿赫”则是常以一只鹭鸶鸟的形象出现，代表经过转化后的灵魂，可以和神明共处。不过，当埃及人在《金字塔文》或者《死者之书》等宗教文献

① T. G. Allen, *The Egyptian Book of the Dead*, Chicago: University of Chicago Press, 1974, p. 87.

中提到死者去到死后世界或者在奥塞利斯面前接受审判时，并没有特别说明那是死者的任何一个灵魂，或者是死者本人。我们在《死者之书》所附的图画中可以看到，死者以其生前的形象在奥塞利斯面前受审。也许埃及人并不认为除了用死者生前的形象之外，还有什么更合适的方式来描绘死者接受死后审判的情境。

木乃伊可以说是埃及人遗留给现代人的一个大迷惑：为什么要做木乃伊？如何做的？如果放在埃及的灵魂观中间来看，木乃伊的存在有其实用目的，就是将死者的躯体保存下来，等待将来复活时灵魂可以回到躯体中。不过如果从历史发展的角度来看，由于埃及沙漠中的气候极端干燥，从史前时代开始，许多墓葬中的尸体都自然干燥而保存完整。因而将死者的尸身特别处理而保存下来，对埃及人而言，也许是相当容易形成的观念。制造木乃伊的习俗自旧王国时代就已经出现，一直延续到罗马时代，可说是一种延续最久的文化习俗。当希罗多德到埃及时，也听说了制造木乃伊的方法，而一直到今天他的记载仍是我们所知的唯一材料：

有一些人是专门做这件事情的，他们有这一行的专门的手艺。当一具尸体送到他们那里去的时候，这些人就把涂画得逼真的木制尸体模型拿给送尸体的人们看。他们说，有一种最高明的制作木乃伊的手艺，掌握它的人的名字在谈到这类问题时，我是因禁忌而不能讲出来的。他们提到的第二个办法不如第一个完美，价钱也比较便宜，第三个办法则最便宜。他给人看过这些之后，就问尸主希望用什么办法处理尸体。尸主和他把钱谈妥之后就走开，而留在那里的工人们便动手把尸体制成木乃伊。如果他们使用最完美的办法来加工的话，他们首先从鼻孔中用铁钩掏出一部分脑子并且把一些药料注到脑子里去清洗其他部分。然后，他们用衣索匹亚石制成的锐利的刀，在侧腹上切一个口子，把内脏完全取出来，把腹部弄干净，用椰子酒和捣碎的香料加以冲刷，然后再用捣碎的纯粹没药、桂皮以及乳香以外的其他香料填到里面去，再照原来的样子缝好。这一步做完了

> 之后，这个尸体便在硝石当中放置七十日，超过了这个时间是不许可的。到了七十天过去的时候，他们便清洗这具尸体，并把尸体从头到脚用细麻布的绷带包裹起来，外面再涂上通常在埃及代替普通胶水使用的树胶，这之后尸体便这个样子送回给他的亲属，亲属得到这具尸体，便把它放到特制的人形木盒子里去。他们把木盒子关上，便把它保管在墓室里，靠墙直放着。①

埃及人不但将死者做成木乃伊，也将猫、狗、老鹰、鳄鱼、鹭鸶等动物做成木乃伊，作为对以这些动物为形象的神明的崇敬方式。对于现代人而言，木乃伊的存在虽是埃及人信仰的具体表现，也在无意中为我们保存了不少社会史和医学史的资料，因为经由科学的研究，我们可以对当时人的年龄、疾病、健康等问题有比较清楚的了解。

埃及人的宗教，表面上是多神信仰，这是因为人们将神圣的力量分割为不同的方面，各有其神明主持，那么其背后是否有一个统合的概念？如果从人对于宗教的需求而言，不论是信仰哪一个神明，基本的信念总是希望得到神明的庇佑，神明主持正义，铲除邪恶。因而神明虽多，对于人们而言，信仰的目标并不复杂，基本的概念如死后审判、西方死后世界、玛特为世间正义的保证等等，也都渗入社会各阶层，因此我们仍然可以将埃及的多神信仰视为同一个宗教系统的表现。当人需要追求一个人以外的力量来解决人生的问题时，不论是实际的生老病死还是义利之辨，埃及的宗教提供给埃及人足够的保证，这并不是仅指保障王权的神权思想，还包括一般人日常生活中的需要以及伦理道德的实际指导原则。这套宗教系统在现代人眼中诚然不可思议，但它能够维持数千年之久，其中原因何在，岂不值得深思？而埃及宗教后来又为何消失，则又是一个极具挑战性的课题。

① 希罗多德，《历史》，王以铸译，台北：商务印书馆，1997，142—143 页。

第六章　战国风云——谁盛谁衰?

我让你知道大地在混乱之中，
不应当的事也发生了，
人们将举着武器，
大地将在动乱中生存，
人将制造铜箭，
渴望饮血止饥，
嘲笑痛苦。

——那夫尔提的预言

第一中间期

埃及的政府发展到旧王国时代末年，呈现一个中央弱、地方强的趋势。第六王朝的裴皮二世在位时间长达九十年，以至于在他死后，王位继承发生困难，有一连串的短命统治者，这表示政权的正常传递发生了问题，国政也因而陷入混乱。

表面上，第七和第八王朝均仍然以孟菲斯为首都，但是他们的号令有多大效力，却是相当可疑。关于第七王朝的事，曼尼多在他的《埃及史》中记载得相当简单："七十个国王统治了七十日。"其余的事，一概不知。这当然是一种夸张之词，但可以显示当时政情的混乱。新王国时代的王年表，如杜林年表和阿比多斯王名表，为第七、第八两王朝列出了十八位统治者，其中有些也没有任何考古材料可以证明他们的存在。现代考古学者努力探索，仍然所知有限。对于这种情况，合理的解释只能是这一王朝的时间短，王位传递频繁，而各方面的资源极为有限，因而留下的遗迹不多。

在第七、第八王朝时代，由于中央政府力量微弱，地方势力继续扩大，在法尤姆绿洲的赫拉克里俄波利斯（Heracleoplois）兴起了一个新的政治势力，最后建立王朝，取代了在孟菲斯的第八王朝，就是所谓的第九和第十王朝。但是这两个王朝的统治似乎也仅局限于下埃及地区，整个上埃及陷入四分五裂的军阀割据状态。

这个分裂的时间，我们称为第一中间期，表示这是一段介于旧王国和中王国的相对统一而强盛的时代中间的一段时期。由于中央政府的缩小，大型公共建筑，如神庙、金字塔等，都消失不见，而又由于战争频繁，地方上的遗址也不易保存。约有一百六十年的时间，我们对这一时代所知几乎等于零。不过幸好有少数的墓铭得以幸存，让我们稍得窥见一个动荡时代之一斑。

这动乱的时代还有一个现象，就是除了第九、第十王朝之外，一些地方的小的霸主具有相当的独立性。有的人虽然不称自己是上下埃及之王，可是在纪年上用的却是自己的纪年。同时，在墓铭赞词中开始用“愿他永生”“愿他的生命永保，如太阳神雷一般”之类原本是给国王专用的字句，这与国王是全世界唯一的统治者的想法已经有相当大的差距。在中埃及的阿夕屋（Asyut）有一小军阀，名叫特飞比（Tefib），在他的墓铭中留下了一些关于当时地方混战的情况。他虽然仍然承认第九王朝的宗主地位，但实际上几乎是个独立的地方独裁者。他所提到的战争，是和南方自象牙城以下至阿夕屋的诸地方军队作战，至于战争发生的理由，则不见提及。在底比斯南方不远的莫阿拉（Moalla），另外一个名为安克提飞（Ankhtyfy）的地方领袖也在他的墓铭中提到了内战、饥荒，甚至人相食的情况。他仍然效忠第十王朝，不过他与底比斯的统治者为敌。相对的，在底比斯城所兴起的地方豪强终于自立为王，就是所谓的第十一王朝，底比斯在埃及历史上的重要地位也从这时候开始发展。

相较于旧王国时代，在第一中间期，由于埃及各自为政的情况，所遗留下来的文物并不多，雕像和壁画制作的水准，若以旧王国的标准而言可说并不精致。这可能代表一些旧王国的旧有文化传统被抛弃，或是因为这些文物是代表地方性势力扩张的结果，缺乏传统文化的熏陶，因此呈现出来的结果就比较粗糙。

地方意识的抬头，又可以在一些宗教文献中看出。在旧王国时代，最重要的宗教文献是《金字塔文》，是专门替国王写的，用在国王的葬礼中的祭文和咒语。到了第一中间期，有一种转变，即原本是专属国王的葬礼文献开始被一般人所采用。人们开始将一些与《金字塔文》相似的祭文咒语抄写在木棺之上，有如将《金字塔文》刻在国王墓壁上一样，作为对死者的保护，这就是所谓的《棺木文》。这代表的是一种宗教特权的逐渐开放、逐渐平民化的过程。当然这里所谓的一般人还是属于贵族阶级，也只有他们才能负担。至少，《棺木文》的出现表示某些原本为王室特权的宗教仪式已不专属于王室，这也可以作为地方势力兴起的一种证据。

从《棺木文》的出现开始，埃及宗教中比较重大的变化，是由原先国王死后成为奥塞利斯的说法，扩张为一般人都可以适用。所以一个普通人死后也可以变成奥塞利斯，也可以说，这似乎是一般人与奥塞利斯的角色认同，即相信人死后可以复活。在阿比多斯奥塞利斯神庙区，人们放置了无数的小型石碑，为的是要崇拜奥塞利斯。到了中王国时代，在阿比多斯举行的奥塞利斯庆典已经是一项重要的民间宗教活动，其中有游行和戏剧性的战斗表演，象征奥塞利斯被谋杀、死亡、复活各阶段的故事。

由分裂到统一

兴起于底比斯的小朝廷在蒙图和泰普一世（Montuhotep I）的领导下，历经三代，终于在南北的夹攻之下获胜，蒙图和泰普二世成为全埃及的统治者。我们不清楚这统一的过程，但蒙图和泰普二世的名号透露出政治的讯息：他的霍鲁斯名号（有如中国的康雍乾）原本为“Sankhibtawy”，意思是“令两地之心存活者”，后来改为“Sematawy”，意思是“两地之统一者”。如果名号为政治情况的某种反映，那么他的确应该是中王国时代的开创者。

战争结束后，要如何重组原本分裂的势力是一个问题。第十一王朝的统治者所想到的方法，一是安抚，将愿意合作的地方势力收编，成为地方政府，否则，就另外派出底比斯籍的官员到各地作为当地的统治者。当然，在中央政府，以底比斯人为主要成员，所以中央集权成为一种自然的趋势，这是因为在经历过一段混乱的局面之后，政府需要把权力收归中央。

第十一王朝最后一位统治者蒙图和泰普四世在位的时间甚短，他的政权最后被宰相阿曼尼赫特（Amenemhet）所接收，成为第十二王朝。有一篇作品，名为《那夫尔提的预言》，借旧王国史那夫鲁王时代的一位先知那夫尔提之口，预言世界将遭到毁灭，但又说有一个名叫阿曼尼的人来拯救世界。这阿曼尼显然指的就是阿曼尼赫特，所以有不少现代学者认为此文其实是为阿曼尼赫特一世取得王位的事实做了一个合法化的解释。文字本身充满对一个衰世的忧虑：

从前有一位史那夫鲁王，为全世界之主。有一天，大臣们进入王宫向国王请安，他们行礼完毕之后，就如往常一样出去。然后国王就对他身旁的掌印官说："去，叫那些今天曾由此出去的大臣来。"

他们立即被领到国王面前，再度匍匐在地。国王对他们说："伙伴们，我召你们来是要你们找到一个有智慧的后生，或者你们的优秀的兄弟，或者你们曾经有高尚事功的朋友，好让他讲一些有意思的话，那些优雅的句子可以使我听了之后得到娱乐。"

他们再度匍匐在国王面前，然后对国王说："有一位巴丝特神的大祭司，陛下我主，名叫那夫尔提。他是位臂膀强壮的人，一个手指灵巧的书记，比他的同侪有更多的财富。愿他被带来给陛下看。"国王说："去，把他带来给我！"他立即被召来，匍匐在国王面前。

国王说："来，那夫尔提，我的朋友，对我讲一些有意思的话，那些优雅的句子可以使我听了之后得到娱乐。"祭司那夫尔提说："是关于已经发生的事，还是将要发生的事，陛下我主？"国王说："关于将要发生的事。当今天来临时，它已经是过去了。"国王伸手到一个装写字用具的盒子中，拿出纸卷和笔盘，开始将那东方的智者、在东方的巴丝特的仆人、翁(On)城人那夫尔提的话记录下来。

当他悲叹世上所发生的事时，他提到了东方的情况，那儿的叙利亚人耀武扬威，恐吓收割的农人，将牲畜从犁上夺走，他说：

我心翻腾，悲痛这你所走出的大地，
当邪恶之前只有沉静，当那该受责骂者为人所畏，
那么在你所出生的国度中，贵人已被推翻。
不要为此而软弱，
起来对抗你面前的事！
看啊，大人们不再统治国家，
建设被破坏，雷应该要再创造！
大地几乎完全毁灭，没有侥幸者存留。

当这国家受苦时，没有人关心，
没有人说话，没有人流泪说："这国度怎么会这样？"
太阳被遮掩，不能为人所见，
当云遮住时人就不能存活，
万物都因缺它而瘫痪。

我要描述我所预见的事，
我不预言那不会发生的事。
埃及的河将干涸，
人可以步行越过水面，
人将寻觅可以行船的水域，
河道成了河岸，
南风将与北风相斗，
天上将没有一丝微风。
一只外来的鸟将在三角洲的沼泽中繁衍，

在人们旁边筑了它的巢，
(因为)人们让它自由地进来。
然后那些令人愉快的东西都将毁灭，
鱼池中充满了食鱼鸟，
充满了鱼和禽鸟，
所有的幸福都消失。
大地在痛苦中弯腰，
是因为那些食鱼鸟，那些到处闯荡的巴勒斯坦人。
东方出现了敌人，
巴勒斯坦人来到了埃及
……
沙漠中的兽群将在埃及的河畔饮水，
在岸边悠闲，因为无人可畏。
因为这国度极不稳定，不知道什么会发生。
未来如人所说是隐而不见的——
当眼耳不灵时，哑巴成为领袖。
我让你知道大地在混乱之中，
不应当的事也发生了。
人们将举着武器，
大地将在动乱中生存，
人将制造铜箭，
渴望饮血止饥，
嘲笑痛苦。
没有人会为死亡而哭泣，
没有人会为死亡而斋戒。
每个人的心都为他自己，
现在无所谓哀悼，
众心已几乎放弃了它。

当人们彼此残杀时，
人只是背向而坐。
我让你看见儿子成为敌人，兄弟成为仇家，
逆子谋杀父亲。

每张嘴中都充满了“但愿如何如何”，
所有的幸福都消失，
大地被毁灭，它的命运也已被决定。
没有生产，缺乏粮食，
所有的建设都被破坏。
人抢走别人的财物，将之送给外人，
我让你看见主人匮乏，外人满裕，
懒惰者饱足，勤奋者受饿。
人只会用仇恨去安抚那些抱怨的口，
手臂挥动棍棒去回答话语，
人以杀戮来回话。
言语如火焰般落在人心，
人不能忍受口中的话。
大地在缩小，它的主人众多，
它已经一无所有：税捐繁重。
收成少，但收税的量器却很大，
它在称量时还要满出来。
雷将抛弃人类，
它虽然仍将按时升起，
人却不知中午何时到来。
没有人能看见它的光影，
没有人会因看它而目眩，
没有眼睛会充满泪水。

它会像月亮似的在空中，
它的夜间行程没有改变，
它的光芒如从前一般。

我让你看见大地在翻腾之中，
弱者变成强者，
人向那从前向人敬礼的人致敬。
我让你看那最低下的人成为最高贵的人，
原来在上者成为在下者。
人将在坟场中生活，
乞丐将获得财富，
贵人将劫掠为生，
穷人将有面包吃，
奴隶将被提升，
翁城从地上消失，那是众神的出生地。

然后有一个国王将会从南方来，
他名为阿曼尼，
是一名上埃及妇人塔塞提的儿子。
他会取得白冠，
他会戴上红冠，
他会结合那两位大神，
他会以那两位大神所喜欢的来取悦他们，
手中握有典礼仪具。
与他同时的人们，欢欣吧！
人之子将使他的名字流传千古。
那些心怀邪念的谋反者，
他们因畏惧他而不敢声张，

巴勒斯坦人将会倒在他的剑下，
利比亚人将会落入他的火焰中。
叛徒为他的威怒慑服，谋反者被他的力量镇压，
他额头的蛇神替他平复反叛。
人们将会建造“君王之墙”，
以防止巴勒斯坦人进入埃及，
他们将如乞求者般要水，
来给他们的牲口喝。
然后秩序将会恢复，
混乱将被逐走。
那能见到这位国王并服侍他的人，欢欣吧！
智慧的人会为我献上清水，
当他看见我所预言的成为事实。①

这篇文字虽然不见得反映出特定的历史事实，但其中对于社会国家动乱的描述若不是有某种程度的历史背景，譬如文中说到巴勒斯坦人的入侵，就很难解释为何会有这类文体出现。因为事实上，另有一件作品，名为《伊浦味的告诫》，也是以天下大乱、社会失序、人伦颠倒为主题，显示这类文体是埃及人在经历了实际的动乱之后所产生的感叹，也许就是第一中间期的写照。

阿曼尼赫特一世即位后，将首都迁至三角洲顶端的伊契塔尾（Itjtawy），位于孟菲斯南约十八里。此地为上下埃及的相接点，因而这动作意味着国王的重点在上下埃及的平衡发展，而不是独重底比斯。不过，由于他的权力来源也许受一些地方势力之助，于是地方省区的长官之职又由中央政府任命回到如旧王国时代的世袭制。

阿曼尼赫特一世的统治是否安定？我们很难得知细节，不过有两件

① 蒲慕州，《尼罗河畔的文采》，台北：远流出版公司，1993，164—169 页。

事值得一提。一是他在三角洲东缘,今日的土密拉河谷(Wadi-Tumilat)地方建了一座墙,或者一处边塞,称为“君王之墙”,目的应该是为了防止来自东方巴勒斯坦地区的游牧民族的入侵。这座墙或者边塞的遗址至今仍然没有被考古学家发现,但是除了在《那夫尔提的预言》中出现,也在一篇著名的《西努赫的故事》中被提及。这说明了此时埃及的国防政策是比较保守的,以守为主。

另一件事,是他创立了父子共治的统治模式,让太子申无施尔(Senwoser)与他一同治国,长达二十年。这应该是为了让王位的传递能够顺利,也许,正因为他自己取得王位是以不合法的方式,所以对于王位的继承特别小心。不过虽然如此,我们却由一些文献中看到一些危机。首先是《西努赫的故事》,这是一篇极为著名的文学作品,写成时代应该就是中王国时代,但一直到新王国时代仍然是埃及学校中传抄的读写范本。故事的大意是说,西努赫为阿曼尼赫特一世的侍从,由于获知一项宫廷政变的阴谋,惧而逃亡至巴勒斯坦,途中曾经过“君王之墙”,在经历多年寄居异邦的生活后,接受国王申无施尔一世的邀请而返回埃及。故事中一开始所谓的宫廷政变,其实就是阿曼尼赫特一世被谋杀,太子申无施尔火速自外赶回宫中,终于平了乱事。西努赫为何逃亡,故事中没有明言,但不外是由于担心自己被视为叛徒,或者他自己真是参与叛变者,也未可知:

> 第三十年,泛滥季,第三个月的第七日,天神飞向了他的归宿,阿曼尼赫特王升入了天空,与太阳融合,圣体与他的创造者会而为一。宫室寂静,人心悲痛,重门深锁。众臣俯首,贵戚伤怀。当此之时,王上正遣军西征。长子申无施尔为将,挥军长驱,掳得人畜无数。皇室亲卫西向传讯,告知王子宫中巨变。日暮之时,信使与他相会于途。无时或怠,神鹰(国王)与侍从飞奔而归,不令大军知晓。此时,另一信使亦被遣至军中其他众王子间,当他宣告消息之时,我恰避在一角。得闻其言,我心栗臂乏、四体瘫软。我蹑足而去,寻求庇护,置身

于草丛之中，以避行旅。

我南向而行，但无意归返王都，心想：若有变乱发生，我不可能幸免。我越过玛蒂附近的无花果树，接近司诺弗区，在耕地边缘度过一日。天亮时，我再度出发……傍晚时，我抵达葛屋。我借一艘无桨之船渡河，靠西风之力，我越过了采石场的东界。北向而行，我抵达了君王之墙——这是用来抵御巴勒斯坦人和游牧部落的。我潜行于草莽之中，深恐守卫发觉。日暮时分，我到达倍登，在肯屋尔附近驻足。我为干渴所困，喉头枯竭似灰。我心想，这大概是死亡的滋味！

但我抬起头来，抖擞筋骨，因为我听到了牧畜鸣叫。我看见了一些巴勒斯坦人，其中有个曾到过埃及的酋长认得我是谁。他给我水喝，又烹奶给我。于是我随他回到他族人中。他们极为友善。[①]

这故事是否有历史根据？是否有其他材料可以证明阿曼尼赫特一世是被谋杀的？有的。中王国时代流行的另一部文学作品，名为《阿曼尼赫特的训诫》，是以阿曼尼赫特一世的口吻写的。文中描述了阿曼尼赫特自己在宫廷政变中被谋刺的经过：

这是雷之子阿曼尼赫特国王所做的教诲，对他的儿子国王陛下所吐露的真理，他说：

如神般地起来，聆听我告诉你的话，好让你统辖世界，治理两岸，增加福利。小心那些身份低下的臣子，他们的阴谋不为人知，不要信任一个兄弟，不要认识一个朋友，不要结交密友，那是无用的。当你躺下，要自己小心，因为在危险的日子中没人有跟随者。我救济乞丐、抚育孤儿，我令贫乏者和富足者成功。然而那受我供养的人起来反抗，我所信任的人利用这点来谋划。那些身穿我所供给的美衣者看着我，好似他们有什么不足。那些用我的没药化妆的人却做些粗

① 蒲慕州，《尼罗河畔的文采》，台北：远流出版公司，1993，89页。

活。你是我尚活着的同侪，我在人间的伙伴，为我空前庄重地哀悼，因为从来没有人见过这么惨烈的战斗。若人在战场上战斗而不吸取过去的经验，那忽略自己应该知道的事的人不会成功。那是在晚餐之后，当夜色来临时，我正在休息，躺在我的床上，因为我很疲倦。当我入睡后，保护我的武器转来攻击我，当我还像沙漠中的一条睡蛇似的时候，我被战斗声吵醒，发觉是卫士们在打斗。若我能够迅速地把武器拿在手中，我应该能够使那些懦夫仓皇退走。但没有人在夜里还能强悍，没有人能独自奋战，没有助手是不会成功的。

于是在你不在我身边时发生了流血事件，大臣们尚未听到我将传王位给你，而我尚未能与你坐在一起，给你告诫。因为我还没有准备妥当，也还没有预想到此事，更没有料到仆从的变心。①

这件作品不但生动地描述了国王被刺的经过，也充分表达了一个身在高位的君主所面临的危机。如果国王的被刺不是一件公开的事件，这篇作品大概不可能被如此写出。有趣的是，在国王神性为国家信仰主轴的埃及，这样一篇作品是否会破坏国王神性的形象？尤其是，与《西努赫的故事》一样，它还在新王国时代成为学校中的样本，它为什么会受到欢迎？这的确是耐人寻味的。

在第十一、第十二王朝的数百年中，由于国家统一后国力恢复，国王有资源和时间来兴建一些大型的建筑物，包括金字塔、神庙等，这是国家和平、安定的标志。中王国时代的金字塔多已成残迹，而许多神庙在新王国时代被新建筑覆盖或取代，因此现在留下来的也并不多，最著名的应是第十一王朝蒙图和泰普二世在底比斯西岸巴哈里（Deir el-Bahari）建的神庙。该神庙为两层方形廊柱式建筑，突破了传统式神庙形式。到了新王国第十八王朝时代，女王哈谢普苏（Hatshepsut）以他的神庙为样本，在旁边建了一座更为宏伟的神庙。不过若要说和民生有直接关系的建设，应

① 蒲慕州，《尼罗河畔的文采》，台北：远流出版公司，1993，160—161页。

属对法尤姆绿洲的开发。法尤姆原本是一个由尼罗河支流尤瑟夫河(Bahr Yussef)所灌注的沼泽区,第十二王朝申无施尔二世和阿曼尼赫特三世在位时,开始设法建构运河和水坝,将沼泽区的水排至尼罗河,因而获得了相当广大的肥沃农地,估计有五十平方公里,对埃及的经济发展有相当影响。

阿曼尼赫特三世统治埃及的四十五年,是一段和平繁荣的时期。这如何得知?在西奈半岛上的"Serabit el-Khadim"铜矿和土耳其玉矿区,埃及工匠在当地留下了丰富的遗迹。单是阿曼尼赫特三世时代,就有四十九处铭文记载开矿队伍的活动。铜为各种工具必需的材料,又是交易媒介,而土耳其玉是贵重装饰品,它们的大量采集正是整体经济活动兴盛的一个体现。由开矿工匠在矿区的居住遗址看来,开采的工程几乎是全年不断地进行。由此一例,我们可以推测埃及在此时的繁荣。

此时国内情势的安定,可以由一些文献看出。底比斯一个名为赫卡那克特(Hekanakhet)的小地主,同时在底比斯和南方某地拥有土地,他本人虽然不在底比斯,却仍然以信件遥控他在老家的产业。考古学家在一个垃圾坑中发现了这些信件,成了珍贵的史料:

> 一个儿子禀告他母亲。赫卡那克特对他母亲伊比以及赫特配说:你们好吗?你们是否平安、快乐、健康?愿瓦塞之主蒙图赐福……也给全家人……不要担心我。哪!我很健康平安。哪……全都毁灭了,而你们没有受饿。当我南来时我已经将你们的口粮分配妥当。洪水现在是否很大了?看,口粮是依照洪水的情况而定的……口粮应由西那部努特所掌管的麦子里分出,直到他离开斐尔哈……全家的口粮分配如下:
>
> 伊比,她的女仆　八赫卡
>
> 赫特配,她的女仆　八赫卡
>
> 赫提之子那克特,他的全家　八赫卡
>
> 梅利鲁,他的全家　八赫卡

……

总计　七卡尔　九又二分之一赫卡

如果你们对此不满，听着！全家人都如同我的儿女一样，所有的财产都是我的……“半生比死亡要好”哪……这儿的人开始吃人了！注意，任何地方都没有人得到这样的口粮。你们应该好自为之，直到我回来。哪！我将在此地度过泛滥季。

＊＊＊＊

赫卡那克特写给梅利鲁以及赫提之子那克特：你要将这些口粮分给我的家人。只要他们能工作谨慎，耕我所有的田地，筛选种子，埋头工作。若他们勤奋，我会为你祈神祝福。我也不会令你不愉快。我写信所提到的那些口粮应该于退水季的第一月第一天发送。不要忘记耕种附近的十亩地，那是给小伊普之子肯提伊克的。要非常勤快，听着！你们吃我的粮食。所有你拿的安努普特财物必须还给他。补偿所有的损失。不要让我再写信跟你说一遍！注意，我已经两次写信跟你说过。如果史诺弗鲁要掌管那些牛，你应该让他管。他不愿意和你一起耕种，来来去去，他也不愿来我这里。他还要什么你都应该让他享有。任何人若不满意那些口粮，他应该来我这里跟我一样生活。但没有人来我这儿！

＊＊＊＊

我对你说，不要不准赫特配的女伴和她在一起，不论是她的贴身女侍还是家仆，都要好好照顾她。愿你所有的事都顺利。若你不要尤顿赫普，把她送来给我。任何人如果侵犯我的妾，就是侵犯了我，他就是我的敌人。注意！这是我的妾，人应该如何对待一个人的妾是很清楚的。如果任何人对她行了我所行的事——真的，如果你们之中任何人的妻子被侵犯，你们能够忍耐吗？不！你们不愿因为我的缘故而尊敬我的妾！

现在，我派西哈托带给你二十四德奔铜，用以租地。让我们用铜、布、麦在斐尔哈租五亩耕地，位于小哈乌的（土地）旁边，但只有在你换得同价的油和任何其他东西之后。你要非常谨慎，勤奋，小心！你是在克陪西耶的上等土地上。

这是赫卡那克特写给他在奈毕色耶的家的信。①

由这些信件，我们可以得知农庄中生活的一些细节，以及家庭组织和人事纠纷。而家中成员的粮食有定量分配，也是相当有意义的材料，显示埃及当时民间生活中某种商业式的家庭管理原则。至于文中所说的“人吃人”的情况，多半是夸张之词，虽然我们也不能排除这可能表示当时曾发生灾荒。但无论如何，由他管理产业的情况看来，当时的社会秩序应当是相当稳定的。

对外关系

在第十二王朝时代，埃及国内基本上处于一个比较安定的状态，财富继续增加。在此情形下，埃及也恢复了对外的商业贸易活动。

埃及人自古以来就很重视与南方努比亚黑人部落的往来，因为他们可以给埃及人带来一些埃及没有的物品，如象牙、各种兽皮与金饰等。第六王朝时代，一名官员哈尔互夫曾经数度出使努比亚，在他的墓铭中留下了详细的记载：

梅仁雷陛下遣派我、我父亲和爸爸唯一的密友祭司尹利，到雅姆(Yam)去开启前往该地的路径。我在七个月之内完成此事，我从那儿带回各种美丽而稀有的礼物，因此受到了极大的赞赏。

国王再度派我独自前往，我走上去耶布(Yebu)之路，由麦克尔(Mekher)、特瑞斯(Terers)、伊尔切特(Irtjet)转回，花了八个月的时间。我从那地方带回大量的礼物，这些东西是本国所未见的。我经由塞邱(Setjeu)和伊尔切特酋长之家的区域转回，并且做了一番侦

① 蒲慕州，《尼罗河畔的文采》，台北：远流出版公司，1993，209—211页。

察。我发现以前从未有任何去过雅姆的密友和侦察队长做过相同的事。

而后国王三度派我前往雅姆。我从替斯(This)省出发,沿绿洲之路前行。我发觉雅姆的统治者已到切蒽(Tjemeh)去攻击西方天边的切蒽。我随着他来到了切蒽,并且送他礼物,他非常感谢国王。

我派人去让我主梅仁雷知悉我曾尾随雅姆的统治者去到切蒽。当我安抚了雅姆统治者之后,我又前往伊尔切特之南、塞邱之北。我见到了伊尔切特、塞邱和瓦瓦特(Wawat)的酋长。我带回来三百头驴子,驴子身上载满了檀香、檀木、香油。看到随我回到埃及的雅姆的部队以及被派遣随我前去的军队是多么壮观,这个酋长就护送我,给我牛羊牲畜,带领我走伊尔切特的山路。①

文中所提到的一些地点大都在今日衣索匹亚境内,而埃及在这地区的活动基本上是和平的。到了中王国时代,埃及似乎采取了较为进取的态度,不但将国界向南推进到第二急湍区,还在今西姆那(Semna)建了城塞,以拒南方的努比亚人。申无施尔三世曾两度在此边塞立碑,以宣示埃及的主权。在第二瀑布区附近的一块石碑上,他刻了下面的句子:“第八年所立的南界,不准任何努比亚人由陆路或水路通过。不准努比亚人的牲口通过,除非他是来做生意,或有官方任务以及任何(对埃及)有益的事,也不准任何努比亚船只通过西姆那堡北行。”

在第十六年所立的碑文中,努比亚人被描述成懦弱之辈,当然只能说这是埃及人的主观宣传:

努比亚人惧怕的是口中的呼喊,向他回应就可以赶他走,当人发奋攻击,他转身就跑,当人向后退却,他就变得凶悍。但他们不是强盛的部族,贫弱而胆怯。……我掳掠了他们的妇女,夺走了他们的子

① 蒲慕州,《尼罗河畔的文采》,台北:远流出版公司,1993,47—48 页。

民，穿过他们的家园，杀戮他们的牛群。我割了他们的麦，烧了他们的田。以父亲的名起誓，我所说的都是实话，我口中没有谎言。①

申无施尔三世是否有夸张之言，我们不能确定，但可以确定的，是文中所表现出来的一种自我膨胀的骄傲感以及对异族的轻蔑。实际上，这种态度可以说是埃及官方的一贯姿态。从王朝建立之初，这种文化上的自大与对异族的敌视，就是埃及官方文献和图像所表现的一贯特点。纳米尔石盘上国王手执棍槌打击跪在地上的敌人的形象，是以下三千余年埃及神庙中最常见的图像。这类图像，一方面向埃及人民宣示国王为世界统治者之身份，另一方面也表现国王在政治神学中的角色——世界秩序的维护者。跪地敌人不仅为真实的敌人，也是世间邪恶势力的代表，而国王则为正义的执行者或化身。

问题是，如果这是所谓的官方意识形态，那么是否有任何证据可以说明有另外的非官方态度？其实，埃及向来就不是一个封闭的社会。旧王国时代，努比亚的黑人已经大量存在于埃及社会中，最著名的就是埃及境内维持社会秩序的警卫部队，所谓的麦加人（Medja），是来自努比亚的黑人。中王国时代的军队亦有部分是由努比亚黑人组成的。努比亚军士甚至也可以在埃及定居，享有和一般埃及人相同的待遇。第一中间期在中埃及葛别连（Gebelein）有一些墓葬，就是努比亚军人之墓，其墓葬习俗，除了少数地方尚可辨认其原来的族属，其余几乎完全埃及化。其中有一名为克德斯者，在墓铭中写道：

我是个勇敢的公民，我的手臂为整个部队的先锋。我得到了牛和羊，我有装满上埃及大麦的谷仓。我名下有块土地。我造了一艘三十肘长的大船，以及一艘小船，以便在泛滥季运送没有船的人。我从我父亲尹提的家中得到它们，但是我的母亲替我买了它们。

① 蒲慕州，《尼罗河畔的文采》，台北：远流出版公司，1993，16 页。

我在本城中动作最敏捷，超过了城中（其他）的努比亚人和上埃及人。[1]

墓碑上，克德斯的形象很明显是一名黑人。由此可见，努比亚人在埃及其实也可以成为社会正常的一分子，拥有和一般埃及人相同的生活。

至于巴勒斯坦地区，埃及曾经以军力入侵，但并没有长久占领。阿曼尼赫特二世时，一个名叫胡索别克的人在墓铭中留下见证：

地区长官胡索别克说：我生于阿曼尼赫特二世陛下在位的第二十七年。当申无施尔三世陛下佩戴上下埃及之三冠，登上霍鲁斯神的宝座之后，他让我成为在他身边作战的七名侍卫之一。我在他面前表现优良，他就任命我为“国王的随从”，并且给我六十个人。王上南下而行，讨伐努比亚的游牧部落。我在同乡们的见证之下杀了一个努比亚人。然后我又和六名侍卫随着（王上）北上，他（王上）指派我为侍卫长，赐给我一百人作为补偿。

王上北向而行，讨伐蒙图射提（即巴勒斯坦地区）人。王上抵达了一个地方，名叫舍肯姆。舍肯姆被攻下，雷铁努（指叙利亚地区）也一样。王上安全地返回王都。当我担任殿后工作时，我指挥兵士们和阿姆（即巴勒斯坦）人作战。我杀了一个阿姆人，然后让两个兵士拿着他的武器继续作战，勇往直前，绝不背对阿姆人。以申无施尔的名起誓，我说的都是实话！他（王上）又给我一根金的弯棍、一把金制的刀鞘、匕首和佩剑。[2]

实际上，这是中王国时代唯一一份提到埃及在巴勒斯坦用兵的文献。一般而言，埃及和巴勒斯坦此时的关系应该不算紧张。上面提到，中王国

① 蒲慕州，《尼罗河畔的文采》，台北：远流出版公司，1993，54 页。
② 蒲慕州，《尼罗河畔的文采》，台北：远流出版公司，1993，55—57 页。

时代的名作《西努赫的故事》,是关于一名埃及官员西努赫流亡至巴勒斯坦的故事,在中王国和新王国时代流传甚广。文中,对巴勒斯坦的描述颇似《旧约圣经》中以色列人对"流奶与蜜之地"的迦南的向往:

> 那是一片沃土,叫作雅。那儿有无花果和葡萄,那儿的酒比水还多,又有丰富的蜂蜜和油脂。树上有各种水果,又有大麦、燕麦以及无数的牲口。[①]

此处,作者对异邦的生活及文化有比较正面且同情的看法。我们虽无法真正知道这种观念的普遍性如何,然而由于该故事的广受欢迎,其中的观念应在相当程度上为埃及社会所接受。

当然,这并不表示埃及文化至尊之观念已经被放弃。故事中西努赫最后仍然放弃了多年在异邦建立的地位及财富,包括家人妻小,选择回到埃及终老。作者似乎以此向读者确认,埃及的生活仍然要比异族之生活更令人向往。因而虽然《西努赫的故事》有欣赏异族文化的态度,但整体而言,新王国时代之前,埃及为世上唯一文明之地,埃及生活方式为唯一被真理所保证的生活方式,仍然为埃及人的主流心态。这情况在新王国时代之后有新的发展,但大致而言,埃及官方的态度是前后一致的,而非官方的态度,除了务实地与异族交往,大约只有在一些知识阶层所留下的零散的资料中才能看到一种自觉的省思,能够以同情和平等的态度去看待异族。

《西努赫的故事》也点出了埃及和巴勒斯坦地区在中王国时代的交往。基本上,当时的巴勒斯坦地区存在着一些独立的小邦,与埃及有一些来往,但不受埃及控制。在中埃及的班尼哈珊(BeniHassan),有一个中王国时代的贵族墓葬,其中一墓的壁上绘有一群巴勒斯坦人牵着驴子前来埃及进行贸易的情景,说明埃及与巴勒斯坦地区在此时是和平相处的。

---

① 蒲慕州,《尼罗河畔的文采》,台北:远流出版公司,1993,89—90 页。

不过这种情况到了第十二王朝末，进入第十三王朝时代后，开始有了变化。

第二中间期

第十二王朝之所以开始衰弱，除了王位继承问题外，主要还是内外交相逼迫之故。在王位方面，可能是政权的传递发生了问题，阿曼尼赫特四世的姐妹之一索别克那芙鲁（Sobekneferu）继位，成为埃及史上第一个拥有国王名号的女性。她也是第十二王朝最后一位统治者。外部的问题则是巴勒斯坦地区族群移入埃及，造成社会和经济问题。这些问题，都可以由第十二王朝时代的一种材料证实，这就是所谓的《诅咒文》。自旧王国时代开始，埃及人将仇敌的名字和诅咒敌人的文字写在陶片或者泥塑小人身上，再经过某种仪式之后，将其击碎，埋在神庙地基下，希望借交感巫术的方法置敌人于死地。在第十二王朝的《诅咒文》中可以发现，被诅咒的有许多都是巴勒斯坦地区的君王，有着闪族人的名字。用来诅咒的语言则相当丰富：“巴枯阿，人称查伊，乌巴提之统治者，伊哈西和思卡特之子，以及所有和他在一起的随从，他们的强人，他们的飞毛腿，他们的盟友，以及他们的朋友，任何在这个国度中可能叛变、制造阴谋、战斗、求战，或者想叛乱者。”这样列举式地指称其敌人似乎还不够周全，于是又有另一种说法：“在此国度中所有的人，所有的大众，所有男人，所有宦者，所有女人，所有贵族，可能叛乱、制造阴谋、战斗、求战，或者想叛变者。”这些被诅咒的巴勒斯坦首长为何会成为埃及人的仇敌？我们没有答案，但若就《诅咒文》的内容来看，埃及人担心的是他们会在埃及造成叛乱，这样的担心必定有某种历史上的背景。此外，诅咒文中也有努比亚人和埃及人被诅咒，并且和王室可能有关系，因而也显示了埃及国内政情的不稳。

第十二和第十三王朝之间虽没有明显的断裂，但是第十三王朝的遗迹极少，杜林王年表记载，第十三王朝的国王名字超过六十个，而王朝历年只有一百五十多年，仅少数国王的名字有考古或文字资料可以证明。

但若要说第十三王朝是一个乱世,却也不见得合适,有一些国王的金字塔遗址已被发现。此外,第十三王朝的统治者在埃及、努比亚乃至巴勒斯坦地区都留下痕迹,有的是碑文,有的是物件,这些当然不能说明埃及的国力足以控制这些区域,不过至少可知其确实存在过。

所谓的第十四王朝,以三角洲地区的霍斯(Xois)为首都,与第十三王朝同时并存,但我们所知几乎等于零。而自约公元前一七三〇年起,在三角洲东部阿瓦利斯(Avaris)城出现了所谓的西克索(Hyksos)王朝,也就是第十五和第十六两个王朝。

在埃及史上,西克索统治期曾经被认为是一个外族统治的大灾难时代。曼尼多在他的《埃及史》中〔其实是公元前一世纪的另一位犹太作家约瑟夫(Josephus)转引〕说:

> 在图提玛斯王的时候,不知为何,神的怒气打击我们,由东方突然来了不知名的入侵者,长驱直入我们的国家。他们不费一弓一石,轻易地擒俘我军,征服了统治者,无情地焚烧我们的城市,将神庙夷为平地,残忍地对待本地人,谋杀了一些人,将妇女与儿童降为奴隶。……他们被称为西克索人,意思是"牧羊者之王",因为"西克"是国王之意,而"索"是牧羊者之意。[①]

二十世纪中期以前的学者,在没有太多历史材料可凭借之下,也认为西克索人入侵埃及,是埃及本土王朝的一次断绝,而这一段一百多年的时期,在埃及本地几乎找不到任何可以说明此一时代历史事件的遗迹,以"黑暗时代"称之亦无不可。话虽如此,但是多年的发掘和研究终于使我们逐渐地了解到一些实况。首先,西克索的称呼,其实是埃及文"外邦统治者"(Heka-hasut)的意思,这称呼在中王国时代已经出现,并非一个专有名词,是巴勒斯坦地区的君长的泛称。其次,西克索人建都所在的阿瓦

---

① W. G. Waddell, *Manetho*, Cambridge: Harvard University Press, 1997, p. 79—85.

利斯，现已经考古发掘证实，是三角洲的艾尔搭巴（Tell el-Daba），此地有丰富的遗址，也是日后第十九王朝首都皮拉美塞（Pi-Ramesse）所在地。

西克索人是如何建立第十五王朝的，我们并不清楚，但可以知道的是，自中王国末年以来，甚至更早的时候，三角洲东部就已经不断有巴勒斯坦移民进入，因而此地的人口构成早已不是单纯的“埃及人”。第十三王朝初的一份文献中，列出了某个贵族家中的仆人，其中半数以上为巴勒斯坦人，他们与埃及人共同生活和工作，似乎不成问题。外来人口在历经第十三、第十四王朝的百余年期间，终于在三角洲发展出了新的政权，建立王朝。不过由于他们在埃及日久，文化上已大部分同化于埃及，使用埃及文字，建立埃及式的王朝，所以连他们的神明，在巴勒斯坦常见的巴力神（Baal-Reshef），也与埃及的塞特结合为一。唯一可资辨认其族属的，是一些人名。也有人认为，所谓的西克索人，其实只是以军事方面的能力而建立其统治地位的巴勒斯坦人，他们的统治和埃及原来的文化生活并不存在什么关系。

不过西克索王朝并没有真正席卷整个埃及。在南方的底比斯城，第十三王朝的余裔建立了一个本土王朝，就是第十七王朝。起初这一王朝为西克索的附庸，后来则分庭抗礼，终于推翻西克索王朝，再度统一全国。这一段统一的过程有一些戏剧性的材料，我们将在下文再谈。总之，西克索时代是个政治分裂的时代，文献资料虽不足征，但并不足以认定其为灾难的时代。现代学者将此时代描述为埃及史上的黑暗时代，其实是一种认同埃及文化的心态，有人甚至将第十七王朝和西克索人的对抗说成是“民族解放运动”，是埃及人反抗异族统治的英勇事迹，这则是将近代民族国家之发展模式套在埃及史上。事实真相如何？研究者如何因个人的偏好而建构所谓的事实？这些是我们可以借着研究西克索时代所做的反省。

第七章　文采飞扬——文艺传统之建立

我曾听过尹和泰普和霍杰杰夫的话语，
人们经常提到他们的言论，
他们的遗迹今在何处？

——竖琴手之歌

文学之主轴

埃及人使用的文字，从进入历史时期以来，到了中王国时代，已经有了一千多年的历史，相当于中国自商代到春秋时代，是一段相当长的时间，因而其书写系统已经相当完善。旧王国时代，自第三王朝开始，出现了比较长的墓铭，主要写的是墓主的名字、头衔，以及祝福的语言和国王的赏赐。这些墓铭有一些通用的格式和套用的成语，但个别差异仍然存在，尤其是当提到个人生平时。第五王朝一位名叫巴尼吉尔卡伊的公主，在她位于吉萨的墓中有如下的铭文：

这是国王与墓地之主阿努比斯的赏赐：愿她在高龄时被葬在西方墓园中，愿她走在那尊贵者所行的路上。

愿她接受新年庆典的祭品，图特庆典、瓦格庆典、寿卡庆典、大火庆典、敏神庆典、月初庆典、月中庆典，所有的庆典，给公主，皇家珍宝，巴尼吉尔卡伊。①

---

① M. Lichtheim, *Ancient Egyptian Literature*, Berkeley: University of California Press, 1975, pp. 15—16.

在一篇第六王朝时代的墓铭中,墓主主要的关心点是不要让自己的墓遭到不洁净东西的污染,因而他的铭文内容是对将来要进入他墓中的人的警告。依埃及人的习俗,死者的后人在一定的时节要到墓中给死者献上祭品,这些人应先洁净身体,并避免吃鱼,大概是鱼的腥味不佳。这样的墓铭,其实是一种在当时相当通行的文体,并非墓主的独创。由此也可看出当时人们的一般心态:

我的继承人,愿你们发达!如果你们做任何破坏我这墓室的事,同样的事会发生在你们的身上。我是一个成功而有知识的祭司,没有任何魔法是我所不知的。所有不洁净的人,那是说,如果他们吃了鱼——一个荣耀的灵魂所憎恶的东西,如果他们进入此墓,他们对我不洁就如同对一个为他的神所赞美的荣耀的灵魂不洁一样。我将抓住他,如同捉一只鸟一样,将他对我的恐惧投入他心中,好让所有的灵魂及世上的人们惧怕我,一个荣耀的灵魂。我会与他在那大神庄严的法庭中求公道。但如果任何人在进入此墓时已洁净,并且满意此墓,我会在墓地中和大神法庭中与他为伴。①

在另外一些墓中,我们可以看到如下的宣扬社会道德的词句:

我由我的城市来此,
我由我的家乡前来,
我建了一幢房屋,并起它的门户,
我掘了一个池塘,种了无花果树。
国王赞赏我,
父亲给我遗产,
我是个有价值的人,

① 蒲慕州,《尼罗河畔的文采》,台北:远流出版公司,1993,50页。

为父亲所爱。
我给饥饿者面包，
给赤裸者衣裳，
载无舟者过河。①

由于墓碑立在墓前，可供公众观看，因而碑铭中的文字基本上均对墓主采用恭维的语气，所用的赞词自然也符合社会流行的价值系统。当然，在谈到个人生平时，总是有机会透露出部分历史事件。我们很难靠这样零散的材料重建一个比较完整的历史过程，但用来了解当时人的生活和思想的大概情况，也还不无小补。举例来说，第六王朝时代一名重要的官员温尼所留下的碑铭，让我们看到一个人一生的经历，由一名谷仓管理员一路上升到上埃及总督的职位，也窥见当时发生的一些历史事件，包括埃及与巴勒斯坦地区的冲突，在南方开凿运河的努力，以及神秘的宫廷阴谋等。

尊贵的长官，上埃及总督，宫廷总管，内恒城监督，内赫布镇长，侍卫长，在奥塞利斯人前受崇敬的温尼，他说：（我幼年时）在铁提陛下之前受教育，当我的官职是谷仓管理员时，我被任命为王室雇佣监督；当我是裴皮陛下之前的衣饰官时，王上任我为侍卫以及他的金字塔城的祭司监督。当我的职位是（……）时，王上任命我为内恒城的法官。他对我比对他的任何臣子都满意。只有我和大法官及宰相一同听取所有的机要事宜。我以王上任事于宫中和六厅，因为王上对我比对任何他的官员、贵胄或仆臣都满意。

当我请求王上赐我一套用土拉白石做的石棺时，王上命财政官率领一队水手去土拉为我搬运这套石材。他将它用宫中的大船运来，包括盖板，一座门框、门楣、两根门柱，以及一座祭坛。这是从不

① 蒲慕州，《尼罗河畔的文采》，台北：远流出版公司，1993，46—47页。

曾给任何臣子的，因为我在王上心中很杰出，因为我在王上心中很可爱，因为我令王上心满意足……

当调查王妃乌尔特标特丝的案件在秘密进行时，王上召我独自一人前去调查，没有大法官、宰相或任何官员在场，只有我自己，因为我能干可信，又能满足王上的心意。我独自把调查结果写下，旁边只有一名内恒城法官。而当时我的职位只是一个王室雇佣监督。从来没有如我这样身份的人能够听到后宫的秘密，但王上让我听到，因为我在他心中比任何其他官员、贵族、仆臣都能干。

当王上攻击叙利亚的游牧部落时，他召集了数以万计的部队，整个上埃及南从象牙城地，北至麦登尼；下埃及从三角洲到塞吉尔及肯塞吉鲁，以及伊尔切特、梅加、雅姆、瓦瓦特、卡乌等地的努比亚部落，加上帖灭合。

王上遣我率领这支军队，其中有大臣、王室财政官、侍卫长、上下埃及的首领和镇长、侍卫、雇佣兵领队、上下埃及的大祭司、来自上下埃及各城镇的将领，以及那外邦的努比亚人。我发号施令，虽然我的职位只是王室雇佣监督。但由于我的品德，没有人和我的同伴相争，没有一个人抢劫路人的粮食和鞋履，没有一个人从任何市镇抢夺食物，没有一个人从任何人手中夺取牲口……

这支军队平安归来，它摧毁了游牧部族的土地；这支军队平安归来，它瓦解了他们的堡垒；这支军队平安归来，它砍下了他们的果树和葡萄；这支军队平安归来，它抛掷火焰于他们所有的(房屋上)；这支军队平安归来，它屠杀了数万兵士；这支军队平安归来，它掳获了无数的俘虏。

王上无比赞赏我，王上遣我率领这支军队五次出征，以镇压游牧部族的反叛。我的作为使王上无比赞赏我……

王上又命我在南方开凿五条运河，建造三艘货船、四艘平底船，用的是瓦瓦特出产的橡木。伊尔切特、瓦瓦特、雅姆、梅加等地的黑人酋长都搬运木材。我在一年之内完成了整个任务。[①]

如果仔细阅读这碑文，我们可以获得不少关于那个社会的消息，例如当时的政府形态，其实仍是以国王一人的旨意为尊，尽管有政府各级官员的设置，但仍不如国王的特遣官有用处。由温尼描述军队的不扰民，恰可证明军队的纪律显然是一个问题。

第一中间期时代所留下的文献材料大都属于墓志、碑铭之类的石刻，以及《棺木文》之类的作品。到了中王国时代，除了石刻材料之外，还有不少文学作品得以借着纸草的保存以及学生所抄写的陶片而留存至今。这些文学作品中间包括了故事、格言、书信、诗歌等文体。它们不但在文体上奠定了此后埃及文学的基础，在文字的优美和文法结构发展的完整上也达到了相当高的水准，相对于旧王国时文字和文法的古奥，以及新王国以后文法的趋于口语化，中王国的文学和文字可以称得上是埃及文的古典时代。现代研究者初学埃及文字，由中王国时代的"中埃及文"开始入手，最容易掌握埃及文法整体的结构和特性。

这时最著名的文学作品首推前章已经提到的《西努赫的故事》。这故事到底是否源自真实的自传，我们不能确定。但是故事中的一些细节，如国王的被刺身亡以及巴勒斯坦地区的生活与人文情况等，应该都是真实的历史背景的产物。由于故事的背景大部分在巴勒斯坦，也许因此有一种异国风味而为埃及人所喜欢。尤其为比较古代文学所注意的，是其中所包含的一段决斗故事，其手法颇似希伯来人《旧约》中大卫与巨人哥利亚决斗的情节：

有一个叙利亚的强人来到我的营地向我挑战。他是个所向无敌的英雄。他扬言要和我比试，因为他想击败我以夺取我的牲口。那酋长与我商讨，我说："我不认识他，又不是他的同盟，不曾在他的营

① 蒲慕州，《尼罗河畔的文采》，台北：远流出版公司，1993，43—44 页。

地附近走动，也不曾开启他的后门，翻越他的围墙。这只是因为他看到我执行你的计划而嫉妒。我好比一头牛，置身于另一群牛间，受到领头公牛的攻击。没有外国武士是埃及人的同盟，谁能使水草长在山头？如果另一头牛想争斗，那英勇的公牛难道会示弱吗？如果他的心想要比武，让他说出心中的希望。难道神不知道他的命运？”

当晚，我束紧弓弦、排理箭支、磨亮匕首、整顿武器。天亮后，叙利亚的民众都聚集在一起，围观这场战斗。我等待着，他向我而来，我也向他靠近。每颗心都为我焦虑，男男女女们都惊惶失声，大家都为我伤痛，他们想：有没有另一个勇士可以与他相抗呢？他竖起他的盾与斧，当我向他挑战之后，他的长矛向我刺来，我都一一避开，当时两人尚未接近。他向我大吼一声，准备肉搏。然而我向他射了一箭，直透他的咽喉。他惨号一声，扑倒在地。我用他的斧头杀了他，发出胜利的呼声。所有的叙利亚人都同声欢呼，而我向战神致谢。他的族人都为他悲伤。①

如此这般故事，是否是流传在巴勒斯坦民间的古老传奇，是个耐人寻味的问题。

另一类型的作品，可称为“智慧文学”。这些作品的形式，都是以一个人生经历和社会经验丰富的长者之口对晚辈所做的告诫。前章所引的《阿曼尼赫特的训诫》就属于这类作品。不过更典型的有《普塔和泰普的箴言》和《给梅利卡王雷王的训诫》，以及《安梦恩欧培的训诫》等等。《普塔和泰普的箴言》可能是这类作品中最早的，也是奠定了这种文类基础的作品，可能作于旧王国末年。第五王朝时代，的确有一位宰相名为普塔和泰普，也许此作品就是他的作品，或者是借他的名而作的，文中充满为人处世的经验之谈：

① 蒲慕州，《尼罗河畔的文采》，台北：远流出版公司，1993，90—91 页。

不要因为你有知识而骄傲,不要因自以为有智慧而自信,智者和愚者你都应请教,因为无人曾达到工巧之极致,没有任何工匠能够精练所有的技艺。美好的言语比宝石更难得,然而仍可以由磨坊少女口中得到。

……

如果你的庄稼得以丰收,神明赐你以富足,不可对你的邻人夸口,人们会尊重沉默的人。如果有德性的人为财富所迷惑,他会如鳄鱼一般地贪心。不要嘲笑那没有儿女的人,不要刻薄,也不要吹嘘,神明将会使孤苦寂寞的人发达。

……

当你活着的时候,要跟随你的良心,不可希求命定之外的事,贪懒片刻对于灵魂是不恭敬的,何况终日游荡,不事生产。如果财富来临,仍然要谨慎。若人好吃懒做,财富将从不长存。①

由这些句子中,我们不难知道古埃及社会中流行的一些人生观和价值观。

另外有一类类似预言的作品,借一位智者之口描述他所见到的(或者所预见到的)社会大动乱的情况,其中最著名的,如前章提到的《那夫尔提的预言》,以及一篇名为《一个埃及智者的诤言》的作品。文中的智者伊浦味(Ipuwer)痛陈国家大乱时各种脱序的现象,如富者变贫、贫者变富、贵者变贱、贱者变贵,总之,全世界的既有秩序都倒转过来。不少现代学者就据此以为文中的现象乃是描述第一中间期埃及的动荡情势,或至少反映出埃及曾经有过这样的大动乱。不过近年来也有学者站在语言和文字结构的立场,认为这篇作品中的对比现象过于机械化,不一定为历史情况的反映,而且它的写成年代也可能晚至新王国初期。

除了这些比较严肃的作品之外,中王朝时代的埃及人也喜欢轻松的

---

① 蒲慕州,《尼罗河畔的文采》,台北:远流出版公司,1993,142—147 页。

故事,如《水手遇难记》《胡夫王的魔法师》。《水手遇难记》叙述了一个遇难的水手在荒岛上碰见蟒怪的故事,颇似后世《天方夜谭》中辛巴达航行至妖岛的情节:

威严的副官说:“安心吧!我主。我们已经到家了。系船桩已被木槌钉下,泊船索也已经放在岸上。献上赞词,感谢神明,大家互相拥抱。我们的船员都安全地返航,我们的部队没有损失。我们将瓦瓦特置于背后,我们经过了森穆特,我们安全地回来了,我们回到了我们的国土。现在请听我说,我主。我没有夸张!洗净你自己,将水浇在你的手指上。你要在国王询问时以自信的心回答。你回答时切不可支吾。一个人的嘴可以救他自己,他的话语可以让他得到宽恕。但你好自为之吧,这样对你说话太累了!”

不过我要告诉你一件我所经历的类似的事。

我由海路乘一艘一百二十肘长、四十肘宽的船前往国王的矿场,船上有一百二十名埃及最优秀的水手,他们俯仰天地,其心比狮子还要勇猛。他们能在风暴来临之前预言其降临。

在我们还在海上,来不及靠岸之前,风暴来袭。船被八肘高的浪涛举起,船桅被击中,然后船就完了。船上除我之外没有一个人生还。我被海浪冲到一个岛上,我独自一人过了三天,只有我的心伴着我。我躺在树荫下,拥抱着影子。

而后我蹒跚地找寻可以放在我口中的东西。我发现那儿有无花果、葡卜、各种美好的蔬菜,以及好像有人种的黄瓜。那儿也有鱼和鸟,那儿什么都不缺。我填饱了自己,把一些拿不完的放在一旁,因为我手中拿了太多。而后我砍了一根钻火棒,起了火,向神明献上燔祭。

然后我听到一声巨响,我想:是海浪的声音。树木摇晃,大地震动。当我露脸出来,我发现来了一条蟒蛇。它有三十肘长,它的胡须有二肘长,身体覆盖着金箔,它的眉毛是蓝琉璃,它在我前面蜷曲起来。

然后它对我张开它的口,而我正匍匐在它面前。它对我说:“谁带你来的?谁带你来的?小子,是谁带你来的?如果你不快点告诉我是谁带你来到这岛上,我会让你发现自己成为灰烬,变得无影无踪。”

但它对我说话时,我并没有听见,当我在它面前时,我已失去知觉。于是它用口衔着我,把我带到它的住处,然后将我完好地放下,我没有任何损伤。

然后它对我张开它的口,而我匍匐在它面前。它对我说:“谁带你来的?谁带你来的?小子,是谁带你来到这个两面都是海的岛上?”

然后我双手膜拜,回答它说:“我为了一件国王的任务前往矿场,乘了一艘一百二十肘长、四十肘宽的船。船上有一百二十名埃及最好的水手。他们俯仰天地,其心比狮子还要勇猛。他们能在风暴来临之前预言其降临。他们每个人的心比他的同伴更勇敢,每个人的臂比他的同僚更为强壮。他们中间没有蠢人。在我们还在海上,来不及靠岸之前,风暴来袭,船被八肘高的浪涛举起,船桅被击中,然后船就完了。船上的人除我之外没有一个生还,只有我一个人在你这里。我是被一阵海浪带到这个岛上的。”

然后它对我说:“不要害怕,不要害怕,小子,脸色不要发白。你已经来我这儿。是神让你活着并且将你带到这‘卡’之岛来的。这儿什么都不缺乏,充满了各种美好的东西。你将一个月一个月地在这岛上度过四个月,然后会有一艘从家里来的船前来,船上有你所认识的水手,你将同他们一起回去,你将死在你的家乡。

“能在经历灾难之后将他尝到的滋味告诉别人的人是多么快活啊!我先告诉你在这岛上所发生的一件类似的事。我和我的兄弟们和它们的子女在这儿,我们总共是七十五条蛇,子女和兄弟,带一个小女儿,是经由我祈祷而得到的。后来一颗星掉下来,它们都被火烧死，只有我没有和它们在一起。但当我发现它们成为一堆尸首时，真想和它们一起死掉！

"如果你能勇敢并且克制自己的心，你就能拥抱你的子女，你就能亲吻你的妻子，你就能见到你的家园，这比任何东西都好。你将回到家中，你会和你的兄弟们在一起。"

我匍匐在它面前的土地上，而后我对它说："我会告诉国王你的法力，我会让他知道你的伟大。我会送给你各种香油、香料和神殿中献给所有神明的檀香。我会告诉人我遇到的事，我所看见的你的法力。我们会在城里，在全国的要员面前为你向神明祈福。我将为你杀牛作为燔祭，我将献鹅给你。我将送给你满载埃及宝物的船只，就如同对待一位在远方而不为人们所知，但对人们友好的神明一般。"

然而它笑了，因为我所说的在它看来似乎很愚蠢。它对我说："你并不大量拥有没药和各种檀香。但我是普恩特之主，而没药是我的。你说要送来的香油，这岛上也有很多。而且，当你离开这个地方之后，你就不会再看到这个岛屿，它会变成水。"

然后船来了，如它所预言的那样。我就把自己置于一棵高树上，我认出那些在船里的人。当我去告诉它时，我发觉它已经知道了。它对我说："平安，平安地，小子，回你的家去，好探视你的子女！让我在你的家乡有好名声，那是我对你的要求。"我匍匐在地，我的双手举在它面前。然后它给了我一批没药、香油、香料、香水、眼膏、长颈鹿尾、大块的檀香、象牙、灰犬、长尾猴、狒狒和许多珍贵的物品。

我把它们装上船，然后匍匐在地向它道谢。它对我说："你会在两个月之后到家。你将拥抱你的子女。你将会在你的墓中得到重生。"

我走到岸边，靠近船，我呼叫船里的水手，我在岸上向那岛屿之主道谢，船上的人也一起这样做。我们朝北驶向国王的宫廷。我们在两个月之后到达了王宫，一切如它所说。我觐见了国王，我将我从这个岛屿所带回的礼物献给他。他在全国的要员面前为我向神明祈福。我被任命为侍从官，得到奴仆作为赏赐。

看！我已经在看到我所经历的事之后抵岸。听我的故事！聆听对人是有益的。

它对我说："不要做无益的努力，朋友！谁会在天明时拿水给那在早晨就要被宰杀的鹅喝？"

全文从头至尾完毕，如同人在书上所看见的一样。抄写者为有经验的书记，阿曼尼之子阿曼阿——长寿！富贵！健康！①

这种故事中套故事的叙述手法似乎相当受埃及人喜爱。至于《胡夫王的魔法师》，这篇故事的头尾都不完全，但内容相当有趣。故事的时间是旧王国时代第四王朝胡夫王的时候，在胡夫的宫廷中，胡夫王的儿子们各说一段神奇故事。包夫雷先说了史那夫鲁王时代一位魔法术士的故事，到了哈杰杰夫王子的时候，他却请了一位魔法师来当场表演，这些法术包括把蜡做的鳄鱼丢到水中，变成真的鳄鱼；将鹅头砍下，鹅仍然能走路，并且自行将头接回等等。他又预言下一王朝三个国王的诞生，由此又引出另一个有关第五王朝三个国王诞生的故事。故事开始时，王子包夫雷在国王前准备说故事：

包夫雷站起来说："我要告诉陛下一件发生在你父王史那夫鲁时代的奇事。是大祭司嘉杰姆安赫所行的……以前从未发生过的事。

（有一天史那夫鲁在）宫中闲逛，想找些消遣，但没找到。于是他说："去，召大祭司，能写书的嘉杰姆安赫来！"大祭司立即被召来。国王对他说："（我在宫中所有的房间中）找些消遣，但找不到。"嘉杰姆安赫对他说："请陛下到宫中的湖上去，让一艘船上乘满宫中所有美丽的女子，陛下在看她们来回划船时心中就会感到清爽。而当你

---

① 蒲慕州，《尼罗河畔的文采》，台北：远流出版公司，1993，76—79页。

看见你的湖畔水鸟栖息之处，以及绮丽的田野和堤岸时，你的心会因此而喜悦。”

国王说：“对，我将去划船。让人送二十只包金的黑檀木桨来，把手是包白金的紫檀木。让人送二十名身材、胸脯、辫子都是最美且不曾生育的女子来。再送二十张网来，给这些女子当衣服穿！”所有的事都依他的命令办好。

那些女子来回划船，国王看她们划，心情非常愉快。有一个领头的女子理了一下辫子，而一件新土耳其玉的坠子掉到水里去了。于是她停止划船，同她一边的女子也都停下来。国王说：“你们为什么不划？”她们说：“我们的领队停止划。”国王对她说：“你为什么停止划？”她说：“因为有一件新土耳其玉的坠子掉到水里去了。”（于是国王对她说：“划吧！我会换一个给你。”）她说：“我只要我自己的。”国王说：“（去把大）祭司嘉杰姆安赫召来。”他立即就被召来了。

国王说：“嘉杰姆安赫，我的兄弟，我依你所说的做了。我看她们划船时心中非常愉快。后来其中一个领队的新土耳其玉坠子掉到水中，她就停止划，使得她那一边的人也都停下。我对她说：‘你为什么不划了？’她对我说：‘因为一件新土耳其玉的坠子掉到水里去了。’我对她说：‘划吧！我会换一个给你。’她对我说：‘我只要我自己的。’”

于是大祭司嘉杰姆安赫念了他的魔咒。他把一半的湖水放在另一半之上，然后他在一片蚌壳上找到了那坠子。他把它取回，交还原主。说到那水，原本是十二尺深的，变成了二十四尺深。然后他念了魔咒，把湖水归回原位。国王就在宫中整日欢宴，并赐给大祭司嘉杰姆安赫许多好东西。

这是在你父王史那夫鲁时代发生的奇事，是大祭司嘉杰姆安赫所行的。

胡夫王说：“让人献上一千块面包、一百罐啤酒、一头牛、两炷香给史那夫鲁王。再赐给大祭司嘉杰姆安赫一块面包、一罐啤酒、一炷香，因我听见（原文作‘看见’）他的法术。”国三的命令就被执行。

哈杰杰夫王子站起来说：“（你所说的是）过去的人的技艺，我们不知道是真是假。但是目前就有一个人，你不认识的魔法师。”国王说：“这是怎么回事，哈杰杰夫我儿？”哈杰杰夫说：“有一个名叫杰地的人，住在杰德史勒夫鲁。他有一百一十岁，直到现在还每天吃五百块面包、半头牛，喝一百罐啤酒。他能把砍下的头接回去，他可以让一头狮子垂尾走在他后面，他知道图特神庙中密室的数字。”

正好这时胡夫王在寻找图特庙中的密室，以便在他自己的庙中援用。国王说：“哈杰杰夫我儿，你得亲自去带他来见我。”

……

于是有两艘船及水手供他使唤。杰地与哈杰杰夫王子同船顺流而下。当他到达首都后，哈杰杰夫王子进去向胡夫王报告。哈杰杰夫王子说：“国王，我主，我已带领杰地前来。”国王说：“去，带他来见我！”国王前往王宫的大厅。当杰地被引到他面前时，国王说：“杰地，为何我从来没见过你？”杰地说：“被召唤的人才来。啊！国王，我主，我被召唤了，我就前来。”

国王说：“是真的吗？他们说你能把砍下的头接回去？”杰地说：“是的，我可以。国王我主。”国王说：“从牢中带一名犯人来，将他处决！”杰地说：“但不是对人，啊！国王，我主。真的，对这高贵的牲口做这种事是不可以的。”

一只鹅被送给他，而它的头被砍了下来。鹅身被放在大厅的西边，它的头被放在大厅的东边。杰地念了他的魔咒，鹅就站起来，摇摇摆摆地走动，它的头也一样。当两者碰到一起时，鹅就站着鸣唤。他又弄来一只长颈鸟，做了同样的事。国王赐给他一头牛，它的头被砍下，杰地念了他的魔咒，牛就站了起来……①

① 蒲慕州，《尼罗河畔的文采》，台北：远流出版公司，1993，80—83页。

埃及人显然相当欣赏神奇的魔法故事。这虽也可说是人之常情,但在四千年前的埃及就已经有如此丰富和曲折的故事,也不能不说是相当令人惊异的。

不过,如果说作为精致文学的代表,恐怕只有诗歌了。埃及诗歌的特点可以说是一切可称为诗歌的文学形式的最基本要素:一是音节的对称和押韵;二是叠句,即相同的意思用稍微不同的文句重复。这种叠句的手法其实在一些散文体的作品中也会出现。旧王朝时代的《金字塔文》由于原为可诵读的祭文和咒语,较重押韵和对仗,因而有诗歌的特质。不过要到中王朝时代,才有少数材料可以让我们知道世俗性的诗歌是什么样的面貌。一首据传为中王朝时代第十一王朝国王英特夫的墓室壁上的《竖琴手之歌》,透露出相当深刻的对人生无常的感怀:

荣耀的他,这位贤君。
虽然好运亦可能被破坏。
一代代的人自古以来不断过去,
年轻的一代取代他们的地位。
从前活过的神明安息在他们的金字塔中,
那受祝福的死者也埋在他们的金字塔中。
但是那造神殿的人们,他们的踪迹已消失,
看他们变成了什么!
我曾听过尹和泰普和哈杰杰夫的话语,
人们经常提到他们的言论,
他们的遗迹今在何处?
他们的墙壁破裂,房屋消失。
就如他们从未存在过一般!
从没有人自那边回转,
来说明他们的情况,
来解释他们的需要,

来安慰我们的心，
直到我们也朝着他们所去的地方而行。
让你自己随心所欲吧，
让你的心忘掉你的葬礼，
在你尚活着时跟随你的欲念，
头顶没药，身着美纱，
以神明的珍贵膏油，
增加你的财物，不要让你的心衰颓，
追求你的欲望和幸福，
满足你世上的需求，听从你心的指示，
直到那为你悲伤之日的来临。
奥塞利斯并不倾听他们的悲痛，
哀泣也不能从地下拯救一个人的心。[①]

这首诗歌的内容相当有趣，一方面它感叹人生的无常，一方面似乎表现出一种因为看破世事而产生的享乐主义或现世主义的思想，这思想与一般墓铭和智慧文学中所见到的谨慎而虔敬的态度并不相同，正可以说明一个文化中各种不同的思想和声音。

到了新王国时代，出现了更为世俗性的情诗。歌颂爱情，似乎也是一个文化发展成熟时自然会出现的现象。一般而言，古埃及人的情诗用词直接，但也利用譬喻和对比的手法，营造气氛。同时，诗作者所使用的人称，有时为男性，亦常常以女性的口吻发言，因而增加了不少情感形态的变化。

若我不同你在一起，
你的心要放在何处？

---

① 蒲慕州，《尼罗河畔的文采》，台北：远流出版公司，1993，191—193 页。

若你不拥抱我，
若你遇到好运，
……
若你轻抚我的腿和酥胸。
只因饥饿之故，难道你会离开？
难道你是个只顾肠胃的男人？
难道你会只关心自己的美衣，而留给我粗布？
所以，捧着我的胸，它是给你的献礼。
在你臂膀中一天，胜过世上千万日。
*****
我现在要躺在家里装病，
我的邻人会来探问，
而我的女孩也在其中。
她会让医生们出去，
因为她知道我的病痛。
*****
野鹅在悲鸣，它被陷阱困住。
对你的爱恋征服了我，我不能将它松开。
我要将我的网子放置一旁。
但对我每天都满载猎物去见的母亲，我要怎么说？
今天我没有设下陷阱，对你的爱恋已捕捉了我。
*****
天下最英俊的少年，
我愿做你的管家。
我俩手挽着手，
你的情爱转了一圈又一圈，
我向我心祈祷，
如果我爱今晚远离，

我就如那墓中之人。
你不是还好好地活着?
你的健康令我欢欣,
我心追寻着你。
*****
我妹妹的爱在水那边,
我俩间横着一条河流,
水势湍急,
鳄鱼潜伏,
我脚踏着水浪,
我心坚忍无惧,
我视鳄鱼如老鼠,
而洪水如同陆地。
她的爱给我力量,
成为我的避水符。
我看着心爱的人,
她站立在我面前。
当我看见我爱走来,
我心欢喜,
我张开双臂拥抱她,
我心怦然而舞,
好似池中的金鱼。
啊!愿夜晚永远属于我,
因为我的女主人来了。
*****
七日不见我爱,
疾病侵入我身。
四体沉重,

知觉全无。
纵然是名医来访，
诊断也不会舒展我心。
念咒的祭司也无计可施，
我的痛苦无边无涯。
只要对我说，她在这里！
我就可以康复。
她的名字能使我痊愈，
她的信使往来送信，
可以鼓舞我的心意。
我爱对我比任何药石都有益处，
比任何书籍更重要。
我的健康全靠她向我而来。
只要见到她，我就不药而愈。
只要她张开眼，我就充满活力。
只要她说话，我就感觉强壮。
只要拥抱她，我的病就消失，
——但我已七日不见我爱！[①]

如果翻译文字不能重现原文的韵味，至少诗中的情意仍然活跃在字里行间。我们由这些热情的话语，不难想见当时社会中青年男女之间互诉衷情的景象。时代和文化，甚至思想和信仰都与现代人相去甚远的埃及，也许只有对爱情的渴望仍然可以直接与我们相通。

文字的艺术显然在埃及社会中是受到重视的，至少，有些著名作家的名字曾经为人所纪念，如《竖琴手之歌》中所提到的尹和泰普和哈杰杰夫。当然，我们不能说那个社会中有人可以靠他的文学作品而成为职业

① 蒲慕州，《尼罗河畔的文采》，台北：远流出版公司，1993，194—198页。

作家，因为文字的能力在埃及仍是极少数人的专利，而且与统治机构有密切的关系。所谓的作家，主要仍是政府官员或者贵族：尹和泰普为宰相，而哈杰杰夫为王子。由上面的介绍，我们可以知道文字在埃及社会中的功能，有宗教性的《金字塔文》《棺木文》《死者之书》，有纪念性的墓铭碑文，有实用性的书信簿记，有教诲性的智慧文学，也有为了娱乐和欣赏而作的小说、诗歌等，内容相当丰富。

医药和数学

如果单就文字的运用而言，有许多时候是和一般所谓的文学不同的实用性文字，埃及人的实用性格在这类文献中有清楚的表现。首先是医药方面的作品，用现代的概念来说，有属于医理方面的手册，包括对疾病的判断，或者治疗疾病的方法；也有属于药方之类的作品，虽然其中有时不免有巫术之类的手段。从一些例子中，我们可以看出，医者的态度是实证而客观的，在没有把握的时候，就明白地说出他只能试试，也并不企图借巫术来治病。这种态度显然是一个医学传统能够长期发展并且具有实用价值的重要因素。例如在一卷有关外科手术的文献中，我们看到下面的记载：

> 若你检查一个头部受伤者，伤势深入头骨，但并没有伤口，你应该轻触他的伤处。如果你发觉他的头骨没有受损，没有穿洞，没有裂痕或破碎，你应该对他做如下的诊断："此人头上有伤，伤口没有裂开，虽然伤势深入头骨。这个伤我可以治。"你应在第一天时将伤处用新鲜的肉敷住，而后每天施以油脂、蜂蜜、绷带，直到他康复。
>
> 所谓"若你检查一个人"，意思是说如同用斗数东西一样地数任何人。因为检查就如同用一个斗数某些数量，或者用手指数某些东西，为了要知道……就是度量……以求知道心脏的动作，它（心）里面有管道通到四肢。如果塞赫美的祭司或任何其他医生将他的手或手指放在头上，放在头后部，放在两手上，放在脉搏上，放在双足上，

他可以测量心脏，因为它的通道在头后部，在脉搏中，因为它的脉动在每一肢体的每一通道中。他用“测量”来描述他的伤是因为通到他的头，头的后部，以及到他的双足……他的心脏，为了要知道由此而产生的征象，意思是去测量他以便知道其中发生了什么状况。

……

若你检查一个人，头上有伤口，穿透头骨，头壳裂开时，你应轻触他的伤口。如果你发现里面有东西在你手指下，而他抖得厉害，其上的肿包突出，鼻耳出血，脖子僵硬，不能转看他的背头以及胸膛，你应该对他做如下的诊断：“此人头有伤口，深入头骨，头壳裂开，鼻耳出血，颈脖僵硬。此病我可以试着治疗。”当你发觉此人头壳裂开时，你不可包扎他，让他靠在码头柱子上，直到他的伤势过去。他的治疗法是静坐。替他用砖做两个支撑架，直到你知道他到达决定性的时候。你应在他头上敷油，并且以之使他的颈和臂松弛。你应如此对待每一个头壳破裂的人。

所谓“头壳裂开”，意思是他的头壳一块块地分开，而碎片仍附在肉上没有脱离。

所谓“直到你知道他到达决定性的关头”，意思是直到你知道他会死或者会活，因为他的病情属于“此病我可以试着克服”之类。

所谓“让他靠在码头柱子上”，意思是让他照常饮食，不给他药方。①

由这段文字中成套的术语和惯用语法可以看出，这是个有长久发展历史的医学传统。在古代世界中，埃及的医学的确是相当著名，许多希腊时代的作品都提到埃及医学和药物对他们的影响。而埃及人制作木乃伊的习俗也很可能与埃及医学中外科医学的发达有某种关系。

---

① J. H. Breasted, *The Edwin Smith Surgical Papyrus* vol. I, Chicago: University of Chicago Press, 1930, pp. 429—430.

另一项实用的技艺，也有文献保存下来，就是数学和几何。埃及人在建造金字塔和神庙这类的建筑活动中显然必须依靠相当精确的数学计算，否则不可能成功。不过埃及的数学基本上是从实用着眼，只求能够解决实际的问题，而没有理论上的兴趣。我们目前有关埃及数学的了解主要来自中王国时代的两份纸草文书，以及一些较晚而零散的文献。基本上，埃及数学以十进位，而他们只用单位分数，如1/2、1/3、1/4 等等，唯 2/3 例外。因而 3/4 是以 1/2 加 1/4 来表示。而数学的基本运算是以加法和倍数为基础，例如 13 乘以 17，埃及人的写法是：

*1	17
2	34
*4	68
*8	136

答案是将左边取 1 +4 +8 =13，右边相应地取 17 +68 +136 =221，结果为 13 ×17 =221。除法也用相似的方法，只是倒过来。例如 17 除以 8：

1	8
*2	16
1/2	4
1/4	2
*1/8	1

在右边找到 17，即 16 +1，则答案是左边相应的 2 +1/8。

不过，用“数学文献”之名其实并不十分恰当，因为这些文献基本上是给文书人员参考用的手册，用一些实例教他们如何做日常事务中的计算工作，并不是讨论任何理论上的问题。至于几何学，埃及人的水平也大致限于简单的面积和体积的计算，但显然这些已足够让埃及人得到实用的数据。

第八章　意气风发——由尼罗河到幼发拉底河

你以欢畅的心情将所有外邦踩在足下，没人能靠近你，但我（安梦神）助你征服了他们，你越过了幼发拉底之水。

——图特滲斯三世碑文

新王国的建立

西克索人在埃及的统治实情虽不为我们所知，但是其主要统治范围限于三角洲和上埃及北半部地区，则是可以推见的。总之，他们大约和埃及人处于一种和平共存的状态。至于埃及人自己，经过一段时间的休养生息之后，逐渐以底比斯为中心，集结新的力量，在公元前一六五〇年左右建立了一个新的政权，就是所谓的第十七王朝。最后，底比斯的势力终于大到足以反抗西克索人的统治，冲突随之发生。第十七王朝的领导者塞克能雷（Sekenenre）发动了与西克索统治者的战争，但没有成功。他的继承人卡摩司（Kamose）继续和西克索人对抗，对西克索王阿波非斯（Aphophis）造成很大的威胁。有关此时代的历史，有考古和文献材料可供参考。首先是考古材料，塞克能雷的木乃伊于一八八一年被发现，结果学者发现他的头部曾遭武器重创，可以推测他是死于一次战争中。更具重要性的，是卡摩司时代留下的一份碑文，内容描述卡摩司和西克索王阿波非斯之间及其联盟努比亚的抗争的情况。又提到阿波非斯设法和南方努比亚人联络，想要夹攻底比斯。不过该计划的信件为卡摩司所截获，未能成功：

我捉到他的一个信差，经由沙漠中的绿洲向南而行，送信到库什，我发现了由阿瓦利斯的领袖所写的信："我，阿无施尔雷，雷之子阿波非斯城(西克索首都),向我儿库什领袖问候。为什么你自行成为酋长而不让我知道?你难道不知道埃及正在攻击我?其领袖,伟大的阿摩斯,在我的土地上攻击我,虽然我没有攻击他。这就像他对你所做的一样。他毁灭了上下埃及,也就是你我的国度。来,立刻前来北方,不要害怕,他已经在我的掌握中,我不会在你来之前放过他。然后我们将平分这埃及的城镇,我们的国度将会欣喜。”①

卡摩司也许仍在两面作战,不过至少他能够有效地切断南北两敌的联合阵线,最后的胜利终于在卡摩司的弟弟阿摩斯(Ahmose)时得到。阿摩斯在击败西克索人之后,一路追逐,进入巴勒斯坦,清除了西克索人在当地的根据地。他遂成为第十八王朝的创立者,埃及历史于是进入一个新的阶段,即一般所谓的新王国时代。有关此一时代的历史,可以由一位低级军官的角度看。一个叫阿巴娜之子阿摩斯(与国王同名)的军官,在他的墓铭中记载了一生的事迹,让我们得知一个亲身参与这段历史的人的见证:

阿摩斯船长,阿巴娜之子,他说:“我告诉你们,所有的人!我让你们知道我得到的恩惠是什么。我曾七次在全国人之前获赐黄金和男女奴隶,我得到许多田产。勇者的声名建立在他的事业之上,永不会从世上消失。”

他说了以下的话:“我在勒克布城长大,我的父亲是上下埃及之王塞克能雷的士兵。他的名字是瑞娥涅之子巴巴,我在两地之主内布佩特雷(即阿摩斯王)之时继承他在‘野牛号’船上的任务而成为士兵。那时我还是个没有结婚的青年。

“当我成家之后,由于我的勇敢,我被调到‘北方号’上。当王上

① James B. Pritchard, *Anceient Near Eastern Texts Relating to the Old Testament*, Princeton: Princeton University Press, 1969, p. 555.

乘着他的战车时，我步行追随。当阿瓦利斯城被围攻时，我在王上面前徒步奋战。于是我被派到'在孟菲斯升起'号上。接着，在阿瓦利斯的普杰苦水域发生战斗。我杀了一名敌人，带回一只手掌。当此事被报告到王上的侍从面前时，我得到金子作为赏赐。

"然后他们在此又打了一仗，我再度杀了一名敌人，带回一只手掌，然后我又得到了金子作为赏赐。

"随后在此城南方发生了战斗，我活捉了一个人。我走到水中，携着他越河，因为他是在城边被抓的。当此事被报告到王上的侍从面前，我再度得赏金子。然后阿瓦利斯陷落了，我从那儿得到战利品：一名男子、三名妇女，总共四个人。王上将他们赐给我作为奴隶。

"然后夏鲁恒被围攻了三年。王上攻陷了它，我从其中带回战利品：两名妇女和一只手掌。然后我得到金子作为赏赐，我的俘虏则赐给我为奴隶。

"当王上惩罚了巴勒斯坦的游牧部族后，他南下到南方去摧毁努比亚人。王上杀了他们许多人，我从那儿带回战利品：两个活人和三只手掌。然后我又获赐金子，并且得到两名女奴。王上北返，他心中因胜利而欣喜。他征服了北方人。"①

由这段少见的铭文中，我们可以得到一些观察：当时的战争规模似乎并不大，而战俘作为奴隶，以敌人手掌为杀敌证据则是当时的习惯。当然，战争的残酷在这里完全从胜利者的角度来看，则是一名老兵的骄傲。文中提到，当西克索首都阿瓦利斯陷落之后，西克索人显然是退回到巴勒斯坦，以今日巴勒斯坦南部的夏鲁恒为据点，抵抗埃及达三年之久。而阿摩斯王在解决了西克索的力量之后，再回头攻击当初与西克索结盟的南方努比亚人，最后终于重新统一全埃及。

西克索人在埃及虽然没有留下太多的遗迹，但是仍在一个特殊的方

① 蒲慕州，《尼罗河畔的文采》，台北：远流出版公司，1993，60—61 页。

面有相当的影响,就是军事组织和武器。他们可能是首先将马拖的战车以及一些较犀利的武器如复合强弓和青铜刀等带入埃及的人,增强了日后埃及军队的作战能力。一个比较微妙但值得注意的问题,是西克索人的统治是否给埃及人留下了一些他们原先没有的政治意识或统治方式。西克索人是一个有组织的军事集团,是没有疑问的。在这样的军事集团中(和游牧部落类似),通常都有一个具有卓越能力的领袖,在战争或其他重要的决策上能施展决定性的影响力。换言之,这样的部落所需要的是一个英雄式的领导者。我们知道,在新王国之前,埃及王在图像中常出现的一个姿态是,左手提起一个或一群俘虏的头发,右手高举大槌做打击状。这个造型所传达的信息重点在于描绘国王作为一个胜利者、一个四方降服的君主,然而这种造型是静态的,国王站在地上,个人的英武并没有受到足够的重视。但是到新王国之后,法老们一再地以一种英雄式的姿态出现在壁画中。情况通常是,在千军万马之中,法老独自一人站在战车上弯弓射箭,敌人的阵营则呈现一片混乱。在运动、狩猎方面,法老也是全能的冠军。在卡纳克神庙壁上,有一段文字描述法老阿曼和泰普二世的英武:

> 他可以张开三百张强弓,比较其制造者的手艺,来分辨好的与不好的。然后当他测试完毕,他进入他的北苑,中有用铜做的四个标的,各有一掌厚,间隔二十腕长。然后王上登上战车,好似战神蒙图,他握紧弓,取了一把箭,由每一个标的射出,好似蒙图。他的箭射中并且穿透标的,掉落在地上。①

有的时候,国王的英武也可以表现在狩猎活动上。一生在宫廷中享乐的阿曼和泰普三世不曾真正带兵作战,但仍然喜好狩猎:

---

① K. Sethe and H. W. Helck, *Urkunden des aegyptischen Altertums*, *Abt. IV*: *Urkundender* 18. *Dynastie*, Leipzig and Berlin, 1906—1958, 1245.

有人有告诉王上，沙漠山区有野牛出没，于是在傍晚时王上乘着“真理号”向北航行。天明时，顺利抵达沙梅如地方。王上登上战车，全军追随在后，包括军官和兵士，以及年轻的小兵，他们受命监视野牛。然后王上下令将这些野牛赶入一个圈子，王上开始攻击这些野牛。总计是一百七十头野牛，王上此日的成绩：五十五头野牛。①

连这时的贵族们也有模仿这种英雄姿态的倾向。这种对领袖个人英武形象的重视很可能是受到西克索人军国文化的影响。军事统治的另一个结果是庞大的军队组织。西克索人是否在这一方面也给埃及人留下了变因，尚无直接的证据。但我们发觉在继承西克索时代的新王国建立之后，埃及的军队组织规模的确有明显的扩大，军人在政治上也开始具有较多的影响力。最重要的是，埃及开始设置常备军，这是和中王国之前最大的不同。因为有了常备军，战争的可能性和频率自然提高，规模也扩大了。

新王国初期的法老（Pharaoh，per-aa，意思是“大殿”，和中文的“陛下”相当）如阿曼和泰普一世（Amenhotep I），图特穆斯一世、二世（Thutmose Ⅰ、Ⅱ）等，都相当注意国内的建设和对外的关系，埃及的国力在此期间蒸蒸日上，很快地成为一个强大的国家。埃及的势力范围包括了现今巴勒斯坦、叙利亚等地，南边则溯尼罗河而上，到达第三瀑布区。此时国内经济的繁荣主要反映在各地所兴建的众多神庙、装饰华丽的坟墓，以及各种精美的器物之上。

图特穆斯二世去世后，由于王子图特穆斯三世年幼，王后哈谢普苏掌握朝政达二十年之久。她先是摄政，继而袭取了国王的头衔，成为女王。

哈谢普苏在位期间比较有兴趣经营的是和东非沿岸的贸易。埃及用武器、珠宝等产品来换取这地区出产的香料和黄金、檀香木、毛皮等原料。哈谢普苏在底比斯西岸巴哈里地方，模仿中王国蒙图和泰普二世的神庙，

① K. Sethe and H. W. Helck, *Urkunden des aegyptischen Altertums*, *Abt. IV*: *Urkundender* 18. *Dynastie*, Leipzig and Berlin, 1906—1958, 1739.

建了一个更华丽的祭庙，在庙中的墙壁上，工匠们用浮雕的手法表现出这一段埃及与东非普恩特地区贸易的情况。

由于在埃及王位传承以男性为主，除少数特殊例子外，女性通常不能成为统治者，因而当哈谢普苏自称“女王”和“雷之女”时，可想而知会遭遇到相当大的困难。为了要使她的称王有合法的借口，她创造了一个自己为太阳神安梦之女的神话，并且将之刻写在巴哈里神庙壁上，以做宣传：

安梦向众神宣布他打算给埃及一个新王，图特推荐图特穆斯一世之后，雅合穆斯。安梦去见了她，并向她宣示，她将替他生一个女儿，并且要命名为“拥抱安梦·最尊贵的女子哈谢普苏”。然后，雅合穆斯要求克农神用她的陶轮做了一个和她一模一样的女儿。雅合穆斯生下了她的女儿，将她呈献给安梦。安梦将她的教养交给图特和神圣的保母哈托。①

其实哈谢普苏原即为图特穆斯一世之女，而她又嫁给了她的同父异母兄弟，图特穆斯一世和一个妃子生的庶子，后来成为图特穆斯二世，图特穆斯一世的嫡子，也就是哈谢普苏的同胞兄弟阿曼尼赫特早夭，可以说她具有王室的血统。不过她自己也只有一女那芙鲁雷，而她又将那芙鲁雷嫁给图特穆斯二世的另一庶子，也就是图特穆斯三世。

图特穆斯三世虽然在他父亲去世之后即已登基，却由于年幼而受制于太后，心中并不情愿。这一点，可以由下面一事看出。当哈谢普苏去世之后，图穆斯特三世下令将全国各建筑物上哈谢普苏的名号刮除，改为自己的名字，表示不承认哈谢普苏称王的事实，在新王国时代的王名表中，也不列出哈谢普苏的名字。这些王室内部的纷争，在现在看来也许不具

① K. Sethe and H. W. Helck, *Urkunden des aegyptischen Altertums*, *Abt. IV*: *Urkundender* 18. *Dynastie*, Leipzig and Berlin, 1906—1958, 1739.

太多意义,不过我们在数千年后居然可以知道这些事,倒是可以作为所谓的人性和权力之间纠结的普世性例子。

图特穆斯三世在即位之前即已掌握军权,对于埃及在巴勒斯坦地区的利益十分关心。这地区之所以重要,是因为它居于小亚细亚、两河流域,以及埃及这三个在当时最重要的文化和政治区域之间,具有缓冲的作用,同时,它也是由波斯湾经两河流域到地中海的关键。新王国建立初始,对此地区相当重视,有可能是接续了西克索时代的传统,因西克索人本就来自此区。但是哈谢普苏在位时,对于叙巴地区缺乏经营,从前建立的声威也逐渐衰弱。此时,两河流域北方有麦坦尼(Mitanni)王国兴起,而小亚细亚也有西台(Hittite)王国,两者都是军事强权,对于控制叙利亚和巴勒斯坦这块关键地区甚有兴趣,因而当地的小邦为了求生存,不得不见风使舵,时常在列强之间摇摆。

因而当图特穆斯三世亲政之后,立刻出兵,打击叙巴地区不受埃及节制的小邦。此后二十多年的时间中,他一连出兵叙巴地区达十七次之多,成为埃及历史上最著名的战争英雄。这些战争的经过都被写在底比斯神庙的墙上,作为向神明的献礼。当然,我们看到的都是埃及的胜利,因为那些描述主要的目的是神学和意识形态的表现,在太阳神安梦的保护下,埃及是不可能失败的。但即使如此,这些记录可以让我们了解历史事实的一部分,也可以体会官方意识形态和宗教思想结合的实际情况。以图特穆斯三世亲政那年第一次出征为例,当时已经是在位的第二十二年,以卡德希城为首的北叙利亚城邦组织了联军,与埃及对抗,在得知哈谢普苏去世后,想趁机发动攻势。图特穆斯也立刻出兵:

> 霍鲁斯:出现在底比斯的牡牛;两女神:永享王业如天上的雷;金霍鲁斯:强而有力,容貌雍华;上下埃及之王,两地之王:门赫普尔雷;雷之亲子:图特穆斯,万万岁。
>
> 王上下令在他替父亲安梦所建的庙宇中记录下他父亲安梦所赐的胜利:每一场战事,王上所带回的战利品,以及他父亲安梦所赐给

他每一外邦的贡品都记下。

第二十二年,退水季的第四个月,第二十五天,(王上经过了)西列的堡垒,是为第一次(讨伐那攻击)埃及边境的敌人的战役。……因为先前(注:由于当地的叛乱)那儿(即巴勒斯坦)的堡垒只能设在夏鲁恒,而从伊尔地一直到地的尽头都有不顺服王上的叛乱。

第二十三年,干旱季的第一个月,第四天,王上加冕庆祝日,抵达了(君王之征服)城,(其叙利亚名为)迦萨(Gaza)。第二十三年,干旱季的第一个月,第五天,精神抖擞,充满力量和正义地离开此地,去摧毁那邪恶的敌人,拓展埃及的边界。他的父亲,伟大而胜利的安梦,已经给了他将征服敌人的指示。

第二十三年,夏季的第一个月,第十六天,抵达了叶含。与他的精锐部队举行会商,说:那可恶的卡德希的敌人现在已经来了,而且已经进入了麦吉多。他联合了所有那些原来效忠埃及的外邦王侯,还有远至那哈林(Nahrin,两河流域)的城邦,包括贺尔和克地的马匹、军队和民众。据说他扬言道:我要在麦吉多等待(并且和王上在此作战),(现在)告诉我(你们的意见)。[①]

以上的记载说明,从叶含到麦吉多,有北中南三条路,南北二路均必须绕过叶含与麦吉多之间的山区,路程较远,但也比较安全;中间那条路,穿过一道狭窄的山谷,直通麦吉多,是最近也最危险的路,因为易遭伏击。图特穆斯的部属都建议他走南线或北线,但他却执意要走中线,就像所有的英雄一样,勇于冒险。结果他的选择是正确的,埃及军队出其不意地由山谷中杀出,击溃了敌军,包围麦吉多,最终迫使其投降。

此类的记载,其可信度有多高?我们若没有其他独立的资料可以参照,自然只能说是埃及人的观点。不过由文体看来,可以推测这种记载应该是由行军日志所改写而成的,因而仍然保留了日志的形式。根据后来

---

① 蒲慕州,《尼罗河畔的文采》,台北:远流出版公司,1993,19—20页。

的资料，新王国时代埃及军队中设置有随军书记，其功能即在保存整个军事行动的记录，待战争结束返国，这些记录经过整理，就被写在神庙壁上。而十九王朝时代著名的战役“卡德希之役”也是靠着这类的记录而为后世所知。

经过图特穆斯三世不断的征讨，埃及在国际上的声威也达到最高峰。他的继承者在军事上虽未能超越他的成就，亦颇能维持埃及在叙巴地区的优越地位。阿曼和泰普二世时曾经与麦坦尼订立和平条约，将两者的势力范围限定在叙利亚北半部。到了阿曼和泰普四世时，由于国内发生的宗教问题，埃及对巴勒斯坦的控制再度松弛。不过所谓的控制，并非完全的军事占领和殖民，而只是在几个要塞象征性地驻军，每年由埃及派遣收税官巡行各地，收取税粮。埃及也对各小邦有所赏赐，以求他们的称臣合作。

阿玛那时代

阿曼和泰普四世可能是埃及史上思想最特殊的人物。他提倡一种特殊的宗教观念，认为世间至高的神明是以太阳为象征的阿顿(Aten，即太阳球体本身)。也就是说，他所崇拜的对象是一个统摄宇宙万物的至上神。在他即位不久后，就改名为易肯阿顿(Akhenaten)，意思是“对阿顿有裨益者”，并且将王都迁移到底比斯北方的阿玛那(Amarna)，建立了阿顿神庙，同时禁止一切传统的信仰对象，如底比斯的安梦、孟菲斯的普塔等，然后封闭这些神庙。他提倡的一神信仰观念可以用以下一首《太阳颂》为代表：

> 你灿烂地在天边升起，
> 啊！充满生命的太阳，生命的创造者！
> 当你从东方升起，
> 你以自己的光芒充满全地，
> 美丽、伟大、光耀四射。

高居世界之上,
你的光芒拥抱你所创造的大地。
你是雷,伸展到大地的尽头。
你让世界臣服于你的爱子之下,
你远在天边,光芒却在地上。
人虽然看得见你,却看不出你的脚步。
当你向西方沉没,
大地如死亡般的漆黑。
人蒙头睡在屋里,一眼看不见另一眼,
如果他们的财物被盗,
他们也不知道。
猛狮出洞,毒蛇咬噬,
黑夜如毡,大地沉睡,
他们的创造者在地平线下休息。
当你于天明时升起于地平线之上,
当你是白日的太阳,
驱逐黑暗,放射光辉,
全地都欢欣鼓舞。
人们站在地上,因为你唤醒了他们,
梳洗穿戴,高举双手,
赞美你的出现。
全世界都开始工作,
牲口就食,草木萌生,
飞鸟出巢,展翼以迎你的卡,
所有的牲口都蹦蹦跳跳,
所有能飞的生物,
它们因你的升起而得活。
你在我心中,没有别人认识你,

只有你的儿子，易肯阿顿，
你教导他你的道和你的大能，
世界靠你的手做成，
你升起，他们得生；你落下，他们死亡。
你就是生命，人因你而活。①

这首赞美诗强调太阳是万物的创造者和命运的主宰。这虽然可能不算是真正排斥一切其他神明的“一神教”，而且它也没有直接否认其他神明的存在，但无疑在埃及传统的承认多神的宗教系统中是一种比较激烈的想法。尤其是其封闭底比斯各神庙的举动，已经不仅是一种宗教政策，也更是一项重要的经济和社会政策。因为，历经千年以上的发展，各大神庙在此时已经拥有相当多的产业和财富，依靠神庙的运作而维持生计的人，如教士、工匠、农人等，均不在少数。可想而知，在神庙关闭之后，许多人的生活就成了问题。这中间到底牵涉到多少底比斯教士们彼此之间对于资源的控制，我们也只能存而不论。这可能是为何后来易肯阿顿的宗教改革不能持久的原因。

易肯阿顿的改革除了表现在宗教上，也在艺术形式上呈现出一种相当特殊的风格。这风格与此前的埃及艺术传统虽不能说是完全背离，因为在表现的内容上和基本构图的主题上仍然遵循传统，但在人物造型和色彩运用上，确有相当新的发展。例如著名的人体雕像，以易肯阿顿的个人雕像为代表，放弃了传统均衡健硕的身材表现，而呈现出一个有窄肩、驼背、挺腹、丰臀的身材，又有着尖嘴、翻唇、斜眼、高颧的面容，极为特异的形象。这显然是一个流派的工艺家的作品，有一定的思想背景为指导原则。如果说埃及艺术史上有任何自主性的“艺术家”，此流派的工艺家可以当之无愧。当然，王后那芙蒂蒂（Nefertity）极为逼真而冷艳的头像可能是古代世界所留下的最引人注目的女性雕像了。而在壁画上也出现

① 蒲慕州，《尼罗河畔的文采》，台北：远流出版公司，1993，124—127页。

了比较松的透视手法，允许非正面呈现式的表现方式，如躺卧、四分之三侧面，同时王室成员的形象也不再总是庄严不阿，而有“合家欢”之类的景象，由国王及王后将儿女抱在膝上亲吻。至于在绘画中特殊而丰富的色彩运用和细致而柔美的线条，也创造出独特的阿玛那风格。

易肯阿顿的太阳神信仰是从哪儿来的？这问题虽没有最后的答案，但可以知道的是，太阳神阿顿的观念早已存在于埃及宗教之中。在阿曼和泰普三世时，已经有诗歌显示它的地位在上升，因而易肯阿顿的宗教改革并不是空穴来风。我们甚至可以说，以太阳为宇宙的创造者本来在旧王国时代就已经是埃及宗教中的一个重要概念。因而他的阿顿崇拜并不真正与埃及传统宗教有根本的冲突，不过他将崇拜的对象化为以太阳球体为代表的阿顿，在一方面可以说是还原了太阳神的本来面目。只不过他是在一种什么样的机缘或者情况之下发动了这场改革，目前仍不清楚。更值得注意的是，易肯阿顿的改革主要是在底比斯进行，而最主要的阿顿神庙是建在新都阿玛那，在全国其他地方的神庙中我们没有发现阿顿信仰的痕迹，因而阿顿信仰基本上是一个局限于王室的信仰活动，对一般人的影响有限。尤其是对一般百姓而言，他们的日常生活中的信仰和抽象的太阳神学是有相当距离的。即使在阿玛那的工人村落中，工人们平时仍然向安梦神祈祷。这种神学上的抽象性和实际崇拜活动的局限性，很可能是在易肯阿顿死后不久，他所提倡的阿顿信仰很快地为人所遗忘，传统的多神信仰再度恢复的原因。埃及人要再过一千五百年之后才接触到另一种绝对的一神信仰——基督教。

国际风云

易肯阿顿所代表的时代不仅有一次宗教上的大变动，也是当时国际政治的关键时刻。在易肯阿顿的新都阿玛那的遗址中，考古学者发掘出大量以当时国际通用的阿卡德文写的泥板文献。这些是阿曼和泰普三世和易肯阿顿时代的外交文书，由于迁都之故，从底比斯被移到阿玛那，却意外地得以保存。由这些文献中，我们可以看出当时西亚地区和埃及之间错综复杂的关系。埃及在军事上虽能大致维持强权的形象，但事实上并不能制服麦坦尼。到了图特穆斯四世，阿曼和泰普三世、四世诸王的时候，与麦坦尼王室联姻，娶其公主为妃，就成为法老在国际政治上不得不用的策略。

从阿玛那出土的文献中，我们得知图特穆斯四世曾娶麦坦尼公主为妻，她即为阿曼和泰普三世的母亲。所以阿曼和泰普三世本人只有一半埃及的血统，但不妨碍其作为埃及法老的地位。阿曼和泰普三世不但娶了麦坦尼公主姬露希芭（Gilu-khepa）为王妃，还娶了两名叙利亚公主、两名巴比伦公主和一名小亚细亚公主。这些政治婚姻的主要目的当然是为了维持两个政权之间的和平关系。因此在阿曼和泰普三世的时代，埃及与西亚地区兵偃戈息。不过婚姻关系的背后也有相当程度的经济交换条件。例如巴比伦王就曾经写信给他的妹夫阿曼和泰普三世，要求他送金子给巴比伦神庙：

> 关于我上回写信给你提到的金子，送很多过来，愈多愈好……好让我完成我的工程。如果你在收获季节时将我要的金子送来，我就会把我的女儿嫁给你。但如果你不送金子来好让我完成工程，又何必要等到以后才送来？……等我的工程完成了，即使你再送三千泰仑的金子来，我也不会接受……我也不会把我的女儿给你。[1]

显然巴比伦王不但已经将妹妹嫁给埃及王，也愿意将女儿送给埃及以交换金子。看来这里没有家庭伦常的考虑。麦坦尼王图希拉他（Tushrata），也就是姬露希芭的哥哥，也写信给阿曼和泰普三世：

> 告诉埃及伟大的王阿曼和泰普，我的兄弟，我的女婿，爱我也为

① William L. Moran, *The Amarna Letters*, Baltimore: The Johns Hopkins University Press, 1992, pp. 8—9.

我所爱:图希拉他,伟大的麦坦尼王,爱你的岳父、你的兄弟。我一切都很好,愿你也好,你的全家,我的妹妹,你其他的妻子们,你的儿子们,你的马车,你的马,你的军队,你的国家,你所有的财富都好。

你的先人和我的先人有很好的关系,你自己更表现出对我父亲的爱。现在,为了保持我们彼此持久的爱,你表现出十倍于对我父亲的爱。愿神明允许,愿特舒普,我的主神,和安梦,让我们彼此的爱永远持续。

当我的兄弟派遣使者曼尼带口信来说:“送你的女儿来和我成婚,做埃及的王妃。”我没有令我的兄弟失望,立刻说:“当然!”我将我兄弟要求的女儿带给曼尼看,当他看见她时,他非常赞美她。我会让她安全地抵达我兄弟的国土,愿绍斯卡神和安梦神令她合我兄弟的期望。

我也要求我的兄弟给我许多黄金,我说:“愿我兄弟给我比给我父亲更多,你曾送给我父亲许多黄金,你送给他大的金瓶子和金罐子。你送给他金砖,好像它们是铜的一样。”……让我的兄弟送给我非常多的金子……因为在我兄弟的国家中,金子就如同尘土一般多……

我现在送一批礼物给我的兄弟:一个金杯,把手上镶有真孔雀石;一个项链,上有二十片孔雀石和十九片金子,中间是一块镶金真孔雀石;一个项链,上有四十二块宝石、四十片金块,中间是一块镶金宝石;十组马匹;十辆木马车;三十名男女。①

图希拉他将他的女儿塔杜希芭(Tadu-khepa)送给阿曼和泰普三世为妻的计划和巴比伦王类似,一方面借联姻保持和平,一方面也可以得到一些实质的益处。不过当塔杜希芭到达埃及时,阿曼和泰普三世已经作古,

---

① William L. Moran, *The Amarna Letters*, Baltimore: The Johns Hopkins University-Press, 1992, pp. 43—45.

于是她就嫁给他的儿子阿曼和泰普四世(易肯阿顿)。她是否就是著名的那芙蒂蒂?此说虽吸引人,却并没有有力的证据。在另一封信中,我们可以看到巴勒斯坦地区诸小邦在埃及、巴比伦和亚述等强国之间活动的情况:

> 告诉埃及王阿曼和泰普四世,你的兄弟巴比伦王布拿波利亚如此说:"……在我父亲库利迦出的时候,所有迦南的国王都写信给他说:'我们愿意侵入埃及的边界,成为你的盟友。'但是我的父亲回复他们说:'绝了你们的念头!如果你们成为我的兄弟埃及王的敌人,或者和其他人联手,我就会出兵讨伐你们,因为埃及王是我这边的!'所以我父亲是为了你父亲的缘故没有听从他们。我并没有派遣我的部属亚述人去你那边。他们是自作主张,他们为什么要到贵国去?如果你看重我,不准许他们购买任何东西,把他们两手空空地赶回来!我送给你见面礼三米纳重的真孔雀石、五组战车用的马匹。"①

在这一封信中,我们不但可以看到巴勒斯坦〔即迦南(Canaan)〕的小邦在两强之间寻求生存的努力,也看到亚述的力量逐渐兴起,不受巴比伦王的制约,和埃及谋求外交和贸易的关系。

在另一方面,兴起于公元前十七世纪的西台王国,由于占据铁的生产地,武力强大,不过其内部向来是纷争不断,因而在埃及新王国旦期时,由于国王穆西利斯一世(Mursilis I)被谋杀,王国陷入一连串的宫廷斗争之中,势力不出于小亚细亚本部。在麦坦尼王国全盛时期,也就是阿曼和泰普三世前后,麦坦尼与埃及由战争而至于和平联姻时,西台王国并不在麦坦尼和埃及的顾虑之中。但是到了公元前一三七〇年左右,西台王苏比

① William L. Moran, *The Amarna Letters*, Baltimore: The Johns Hopkins University Press, 1992, p. 18.

鲁流马（Suppiluliumas，约公元前1375—公元前1334）率军进入两河流域上游，大败麦坦尼军队，将幼发拉底河西岸的地区纳入势力范围。叙利亚北部诸小邦纷纷投靠西台，那些忠于埃及的小邦则向埃及求援。无奈此时法老阿曼和泰普三世老迈而不好战，继承者易肯阿顿又不积极对付西台王国。至于麦坦尼本身，也由于王位继承之争而无法振作。在图希拉他被一个儿子谋杀之后，内战爆发，最后导致麦坦尼的瓦解。而亚述则在亚述巴利（Ashur-uballitI，约公元前1365—公元前1330）的领导之下日渐壮大，取代了麦坦尼的地位。

于是，在易肯阿顿死后，苏比鲁流马控有叙利亚至今大马士革以北的主要地区，成为当时的一等强权。西台之所以力求控制此一地区，主要是由于要寻求出入地中海的港口，而他们无法取得小亚细亚沿地中海岸的控制权，因为那是强悍的爱琴人（Achaeans），也就是日后的希腊人的势力范围。

至于埃及的情况，一时则甚为混乱。易肯阿顿的继承者是否为其侄儿斯门卡雷（Semenkhkare），而斯门卡雷又是否为图坦阿顿（Tutankhaten）的兄弟，目前尚无确切证据，但图坦阿顿九岁即位，十七岁去世，虽在埃及史上无甚作为，但他的墓葬是唯一未被盗墓者发现，而在公元一九二二年由考古学家发掘出土并为现代人所熟知的，其华丽的黄金面罩和包金棺椁及大量的精美随葬品现已成为开罗埃及博物馆的镇馆之宝。不过，在去世之前数年，他将名字改为图坦卡门（Tutankhamun），意思是“安梦的生像”，也宣告阿顿信仰的正式结束。他死后无子，年轻的王后做了一件相当极端的事。她写信给西台王苏比鲁流马，要求他派遣一个儿子来与她成婚，成为埃及的统治者。她为何会有这样的举动，我们无法猜测，但原因不外乎由于自己找不到可以依靠的王室成员。这封信保存在西台王室的记录之中，在西台宫殿遗址中被发现，记录中共引用了两封信，因为西台王在收到第一封信时有些怀疑这事的真实性，等到第二封信来，他才相信是真的：

（第一封信） 我的丈夫去世了，我没有儿子。如果你可以送一个你的儿子来，他可以成为我的丈夫。我不愿意让我的仆人成为我的丈夫。

（第二封信） 你为何说："他们在欺骗我？"如果我有一个儿子，我会以一种对我自己和我的国家都是耻辱的态度写信给一个外国吗？你竟然不相信我而告诉我这些事。我的丈夫去世了，我没有儿子。难道我应选一个我的仆人，叫他做我的丈夫吗？我没有写信给任何其他国家，我只写给你。人们说你有许多儿子。给我一个你的儿子做我的丈夫和埃及的国王。[1]

苏比鲁流马自然不会放过这空前的好机会，于是派了一个儿子前往埃及。但是好事不成，根据西台王穆西里斯时的一份文献指出，西台王子在抵达埃及以后即遭谋杀。这中间的细节我们已无据可考，但主谋者可能就是下任法老艾伊（Ay）。艾伊原为一大祭司和将军，控有国内军政大权，他不愿意见到埃及王位落入外人手中，自是可以预料到的。我们并不清楚西台对此事件的处理方法，据西台文献说，苏比鲁流马曾派军队与埃及发生战争，并且击败了埃及军队。但他不久就去世了，西台和埃及的冲突因而暂时停止。

埃及王权在艾伊和霍伦哈布（Horemhab）之后落入纳姆斯家族的手中，是为第十九王朝。纳姆西斯一世（Ramesses I）出身于军旅，他的子孙也习于征战。塞提一世（Seti I）即位不久就积极经营巴勒斯坦，数度出兵讨伐不顺服的附庸国。到了纳姆西斯二世即位第五年，西台军队在穆瓦塔利斯（Muwatallis，公元前1306—公元前1286）的领导下，联合叙利亚诸小邦，准备大举南下。而纳姆西斯二世也率大军深入巴勒斯坦，在奥伦多河畔的卡德希城附近和西台军队遭遇。经过一段惊险的战斗之后，埃及

① James B. Pritchard, *Anceient Near Eastern Texts Relating to the Old Testament*, Princeton: Princeton University Press, 1969, p. 319.

和西台勉强战成平手,双方只好默认对方的存在,而将势力范围界定在卡德希附近。这次会战的经过,被纳姆西斯二世大肆宣扬,写在底比斯神庙壁上,共有五个版本,基本上均为埃及大获全胜的报道。不过,由于记录仍然是根据行军日志而改写,所以也保存了事实真相的一些影子,可以知道,若不是一队佣兵及时赶到,纳姆西斯二世很可能要被击败。不过,埃及的记录对于这场战役的细节描写得相当仔细,因而我们可以相当程度地复原整场战役的经过,可以说是在古代历史上一次最著名的战役:

第五年,夏季第三月,第九天,国王陛下纳姆西斯万万岁。陛下正领导他第二次在巴勒斯坦的胜利。早晨,在皇帐中平安地醒来,在卡德希南方山区中。上午,陛下如雷(太阳神)一般升起,在他的父亲蒙图(战神)的华盖之下,向北行进,到达夏卜土那的南方。有两名修舒人来告诉陛下:“我们的兄弟是部族的首领,现在与西台军队在一起。他们派我们来告诉陛下,我们愿意做法老的仆从,离弃西台首领。”国王对他们说:“那遣你们来通知我此事的你们的兄弟在哪儿?”他们对国王说:“他们跟西台首领在一起,西台军队在突尼普北方的阿列波地方。当他听说法老率军北上,他太害怕了,不敢南下。”

但是这两名修舒人对国王说的这些话是谎话,因为西台人派遣他们来刺探国王的行踪,而不让国王的军队有机会准备好与西台军队作战。西台首领率领着他的步兵和战车,以及率领来对抗国王的军队的西台地区所有将领和他们的步兵和战车,都已经在卡德希后面准备妥当,而国王还不知道他们在那里。

当那两名修舒人被释放后,国王向北开动,到达了卡德希的西北。国王的军队在那儿扎营,国王坐在一张金制的宝座上,在卡德希的北方,奥伦多河的西岸,然后国王的一名哨兵带来了两名西台的哨兵。当他们被带到国王面前,国王问他们说:“你们是谁?”他们说:“我们属于西台首领。他派遣我们来刺探国王的行踪。”国王对他们说："西台的首领在哪儿？我听说他在突尼普北方的阿列波地方。"

他们对国王说："西台首领率领了许多国家作为他的联邦。(……)他们率领着步兵、战车，准备了武器。他们比沙滩上的沙还多。他们已经在卡德希背后准备妥当，随时应战。"

于是国王召集了将领前来，让他们听这两位西台哨兵所说的话。然后国王对他们说："看看外邦总督和埃及的领袖们的德行！他们每天来告诉法老：'那可恨的西台首领在突尼普北方的阿列波，因为他听见法老来了，就逃到那儿。'他们每天这样说。但是现在，我听这两名西台哨兵说，那西台首领率领了许多国家的人马，和沙土一样不可胜数。看啊，他们躲在卡德希后面，而我的外邦总督和国内领袖们却不能告诉我们他们已经来了！"

于是在法老面前的将领们回答他："外邦总督和法老的将领们没能发现西台敌军的位置并且报告法老，这是极大的罪过！"于是宰相被派遣去催促法老的军队急速前来，他们正行进到夏卜土那南方的路上。

当国王正坐着和将领们说话时，那可恨的西台首领率领着他的步兵和战车以及许多的国家开始攻击。他们越过卡德希南方的溪流，攻击法老的大军——他们正毫无防备地前进。于是国王的步兵和骑兵在他们(西台军)面前显露出弱势，向北来到国王的营地。然后西台的军队将法老身边的部队团团围住。当国王见到他们时，他迅速起身，有如他的父神蒙图般暴怒。拿起武器、披上铠甲，他有如发威的塞特。他骑上他的马——底比斯之胜利——快速地单独上阵。国王陛下充满神威，心意坚定，没有人能抵挡他。

他经过的阵地如烈火焚烧，他的怒火烧遍了所有的外邦人。他追逐他们，目露凶光，他的神力如烈火般地攻击他们。他不把那无数的敌军放在眼里，他视他们如草芥。国王冲向西台首领和他的联邦的军队。他如同塞特一样，神勇无比，如同发怒的塞赫美(Sakhmet，狮形女战神)一般。国王陛下消灭了西台首领整个的部队，连同所有联邦的将领,他们的步兵和骑兵死亡枕藉。国王在他们的阵地中杀戮他们,他们倒毙在他的马前。而陛下单独一人,没有别人和他一起。

"朕让西台军队落入奥伦多河中,一个压一个,就像鳄鱼一般地滑入水中。我如同神兽一般地追逐他们,我独自一人攻击所有的外邦。因为我的步兵和骑兵都背叛了我,没有一个人停下来往回看。只要我活着,雷爱护我,父神阿图欢喜我,我所说的每件事都是真实的。……"(下略)①

阿布辛贝在第一和第二急流区之间,纳姆西斯二世在此替他和王后那芙塔丽各建一座巨大的崖洞庙。一九六〇年亚斯文大水坝建成之后,阿希辛贝地区陷入水库中,于是联合国文教机构联合欧美各国将这两座神庙迁到高地重建,使得这两座建筑仍可为现代人所参观。

到了纳姆西斯二世在位的第二十一年,西台与埃及签订一项和约,双方表示不再用兵,并且可以互相引渡逃犯,共同抵御敌人。为了更进一步加强双方的关系,纳姆西斯后来又娶西台王之女为妃,埃及与西台之间的冲突算是告一段落。总括埃及在巴勒斯坦地区的发展,一直是维持一种松散的控制,埃及要求各小邦每年献贡品,以换取埃及的保护,可说是一种帝国主义的行为。但各小邦也不见得始终如一,于是每当埃及的国王换人,总是有巴勒斯坦小邦起来反抗埃及的统治。埃及在巴勒斯坦地区并不驻有军队,只将之分为数个小区域,每区域包括若干城邦,由埃及派遣一个总督,主要功能在维持地方治安、运送税谷。

纳姆西斯二世在位相当长,可能长达六十七年。在这一段时间中,埃及在国际上没有强敌,国内经济遂更蓬勃发展,财富迅速累积。

海洋民族入侵

大约在卡德希之役六十五年之后,法老梅仁普塔(Merenptah)在位的

---

① 蒲慕州,《尼罗河畔的文采》,台北:远流出版公司,1993,27—30页。

第五年，埃及再度面临战争和敌人入侵的危机。这一次，入侵者主要是西方来的利比亚人（Libyans）和他们的邻邦梅希维希（Meshwesh）。根据此年所立的一块石碑，他们的入侵虽然被埃及军队所遏止，其事实却也透露出一些讯息：除了西方来的敌人之外，入侵者中尚有一些来自北方的民族，如沙尔当那（Shardana）、鲁卡（Lukka）、易克为希（Ekwesh）、谢克勒西（Shekelesh）等。这些民族究竟来自何处？由于埃及文献中所指的“北方”并不是个明确的区域，它有可能是叙利亚和黎巴嫩沿岸，或是小亚细亚沿岸，也有学者认为其中有些来自克里特（Crete）、塞浦路斯（Cyprus），甚至萨丁尼亚（Sardinia），无论如何，这些虽不是定论，也显示出当时地中海沿岸相当不安定。不仅埃及如此，西台也受到来自西方，也就是小亚细亚沿岸地中海地区的民族的入侵。其中有一支为阿希阿瓦（Ahhiiyawa）的队伍，有学者认为可能就是后来希腊荷马史诗中的爱琴人（Achaeans），亦即希腊人的祖先。此外，碑文中提到：

> 所有的王侯都匍匐在地说：“夏隆（注：平安）。没有任何外邦人抬起头来，帖合努被消灭了，西台也求和，迦南被俘虏，阿斯克隆被征服，葛泽被捕获，雅诺安被毁灭，以色列成为不毛荒地，柯尔成为寡妇。所有入侵者都被上下埃及之王梅仁普塔所制服。”①

文中提到以色列的名字，是埃及文献中唯一一次提及，因而相当受重视。这是由于根据犹太《旧约圣经》的传统，以色列人在建国于巴勒斯坦之前曾经有过一段在埃及生活的时间，由于埃及人对待以色列人极为严苛，后来遂有摩西率领以色列人逃出埃及，前往他们的上帝应许的迦南地区建国的一段故事。对于犹太—基督教文明而言，《出埃及记》在历史和信仰中都有极重要的地位。许多圣经学者和埃及学者对《出埃及记》的历史性有许多讨论，目前虽无确切不疑的结论，但可以知道的是，《出埃

① 蒲慕州，《尼罗河畔的文采》，台北：远流出版公司，1993，33—34 页。

及记》中所说的若是有历史事实的根据，这时间应该在纳姆西斯二世时代以后，因为《出埃及记》中提到以色列人在“兰塞”城工作，应该就是位于三角洲东部的皮拉美塞城，而这个城的名字是在纳姆西斯二世时作为王都出现的。而若是梅仁普塔碑文中所提到的以色列人的确是建国前的犹太人，那么以色列人出埃及的时间就应在梅仁普塔立碑之前若干年。但是，这些当然仍属推测。因为即使是文中提到兰塞的地名，仍有可能是后来的人根据当时地名追述古代故事的结果，不能作为该文献断代的绝对根据。不过，如果我们回顾埃及和巴勒斯坦地区人的关系，我们可以看到，自古以来埃及和巴勒斯坦之间人口的流动就不是稀奇的事。埃及土地肥沃，物产丰饶，从来就是巴勒斯坦地区人们逃避荒年的乐土，中王国之后的西克索人入侵，其实也可以说是这大的人口移动模式中的一环。如果说以色列人的祖先在埃及曾经生活过一段时间，后又回到巴勒斯坦，基本上与西克索人的例子极为相似，是完全可以成立的。以色列人的先祖既在巴勒斯坦地区活动，应该很熟悉这种交往模式，也很可能有不少类似的经验。他们将这种经验结晶在有关其先祖历史的传说故事之中，是很自然的事。《出埃及记》如果不是反映历史事实，也可以被认为是反映了具体的历史经验，至于这历史经验所带给以色列人的特殊宗教意义，当然又是另一回事。

在这次的战事中，梅仁普塔虽然宣称得到胜利，但显然并不能解决问题的根源。在十九王朝的法老纳姆西斯三世（约公元前1184—公元前1153）在位的第五年，利比亚人再度入侵。第八年，发生了所谓的“海陆大入侵”。在底比斯西岸麦地尼哈布（Medinet Habu）的神庙壁上，纳姆西斯三世的工匠留下了文字和图像记录，纳姆西斯并且宣称他又重创了入侵者，掳得无数的财富和俘虏：

外邦人在他们的小岛中设计阴谋，所有的国家都分崩离析，陷入战乱。没有任何地方能抵抗他们的力量。从西台、寇得、卡尔克密西、阿尔扎洼，到阿拉西亚都完全被消灭。他们在阿摩设下军营，屠杀当地人民，使之成为无人之地。他们向着埃及而来，烈火已经在他们面前准备停当，他们的同盟是裴勒色(Peleset)、刃克尔、谢克勒西、丹阴和威些西，他们染指的区域一直伸展到地的尽头，他们的心充满自信："我们的目的会达成。"[1]

埃及承受了这一次的海洋民族的入侵，西台却没有这样幸运，在东西双方均有外族入侵，国内又无强有力的领导者的情况之下，终于土崩瓦解。上面的埃及铭文中也提到，由西台一直沿地中海东岸以上的地区均受到这些海洋民族的破坏。值得注意的是，这些所谓的海洋民族似乎不只是以掳掠财物为主的"海盗"集团，而且代表了一种由陆地上而来的移民潮。在埃及的浮雕中，入侵的海洋民族，除了战士之外，还有乘牛车而来的妻子儿女。这种移动缓慢的牛车代表的意义很可能是一种农耕民族的移民活动。而实际上，其中的裴勒色人后来就定居于巴勒斯坦沿岸地中海岸地区，他们就是以色列人所称的非力士丁(Philistine)人，这也就是巴勒斯坦一词的来源。

纳姆西斯三世其实并没能真正解决外人入侵的问题。由于尼罗河三角洲东西两面无险可守，当沙漠中的游牧民族力量开始强大时，渗透三角洲是很容易的事。这些民族的移动多半也是和平渐进式的，因而三角洲的东西两部分在长期发展的结果之下，就逐渐形成了小的地方势力，后来终于在二十王朝结束时产生了力量。

纳姆西斯三世晚年时曾经发生过一次宫廷谋反的阴谋，主要因为是王位继承问题。阴谋虽未得逞，但埃及王室从此陷入一连串的政治斗争之中。继任国王均以纳姆西斯为名号，但他们并不能再重振纳姆西斯二世时的盛世。国内政局如此，对于国外的经营自然也受到影响。埃及在巴勒斯坦和努比亚的势力日减，新王国时代最后一位在西奈矿区留下名号的国王，是纳姆西斯六世。

① 蒲慕州，《尼罗河畔的文采》，台北：远流出版公司，1993，33—34页。

王室虽问题不断，但在底比斯城中，以神庙为中心的政治、社会和经济等各方面的发展都比较正常。安梦神的大祭司在底比斯拥有很大的权力，可以控制庞大的不必缴税的庙产和人力资源。时间一久，神庙和其周边的人就逐渐形成一股力量，有如国中之国，与位于三角洲的首都皮拉美塞相互竞争。任何人只要到底比斯的卡纳克神庙，就可以清楚地感觉到，那巨大的神庙建筑必然是基于一个相当强大的经济和政治力量才可能出现。纳姆西斯二世在底比斯西岸的陵庙区的谷仓容量，据推测可以储存一万七千人至两万人一年所需的粮食。而根据一份纸草文书，纳姆西斯三世时，卡纳克神庙所拥有的财产包括：六十万英亩的农地、四百三十三个花果园、四十二万一千三百六十二头牛、六十五个市镇、四十六个木工场、八十三艘货船、八万五千名奴隶。而纳姆西斯三世曾一次赠予神庙一点五吨银子、两吨铜、一千罐香油、二万五千罐酒、三十一万担谷子。而在纳姆西斯三世位于底比斯西岸的陵庙中，每日所消耗的食品包括五千五百块面包、五十四块糕、三十四碟甜点以及二百零四罐啤酒。这些数字可以作为神庙的一个经济单位的参考。最后，当神庙的力量大到足以和王朝政府抗衡之时，国家的分裂就成为不可遏制的趋势。

第九章　踵事增华——信仰或艺术？虔敬或浮夸？

这墓是我在西方的墓地中建造的，位于洁净而适中的地方。任何贵人、任何官员、任何人，若从此墓取走任何一块石头或砖头，我会在大神前求公道，我将如抓一只鸟的脖子那样抓着他的脖子，我会令所有世上的人害怕那在西方的精灵。

——古埃及墓铭

艺术的原则

和文学比起来，埃及视觉艺术的多姿多彩也是毫不逊色的。史前时代各类器物的造型和装饰已经很清楚地表现出埃及人对自然和人物形象的喜好，而他们对于形象的表现手法在旧王国时代可说已经大致定型。一般而言，埃及艺术具有明确的实用性，它们若不是为了宗教目的，譬如神庙壁上的祭典活动，或者墓室中对于墓主生前死后的描绘，就多半是为了日常生活中的点缀，如各种饰物、器物、珠宝等。即使是常常用来作为埃及“艺术”之代表的雕像，基本上都是与祭典仪式有直接的关系，其主要的意义是宗教性的，代表雕像主的灵魂。至于雕像的造型和工艺技巧如何，则是另一层次的问题。这也就是说，现代意义的“为艺术而艺术”的概念，在埃及是不存在的。因而，尽管每一名工匠都可能有个人的意见和偏好，但整体而言，他们的作品遵循一套既定的模式，不因少许个人的偏好而有大变动。这套模式的主要特征是，固定的人像表现方式、固定的人体比例尺寸、固定的透视法则以及固定的表现主题。

就雕像而言，表现的方式主要是正面视角，也就是说，人像不论是站是坐或是跪，都是正面向前，两眼平视，两肩平放，全身均衡，没有任何扭曲或回转的动作。这不能解释为埃及的工匠不如希腊工匠那样有“艺术”的表现能力，而应该要了解的是，这些埃及雕像的用途是什么，因为用途决定了形式。一般而言，我们目前见到的埃及雕像，不论是神明、国王或贵族、官员，甚至平民，都是为了某一种祭典仪式而制作的，是所谓的祭典像(cult statue)。在墓中，墓主的雕像通常被放置在一个壁龛中，像面向正前，是为了像主能够清楚地看见祭仪，同时完整地接受仪式所带来的祝福，甚至化为再生的力量。这不但是一般人在墓中的情况，即使神明和国王在神庙中的雕像，也是如此。在神庙前的神像必须正面对着前来献祭的祭司，而在神庙中，神像或王像常置于廊柱之间和神龛中，接受祭司的膜拜，因而正面平视的姿态就成为唯一合理的表现方式。这个说法可以由随葬人俑的姿态得到证实。由于随葬俑的目的在于为死者在死后世界的生活而服务，因而其制作的目的不在接受祭仪，而在表现各种各样的工作，因而其人体姿态的表现方式就比较活泼而多变化。

相同的理由可以用来解释壁画和浮雕上的人像构图。墓主、国王或神明的画像一般均保持正面、挺直、两肩平衡，立时两腿分开，坐时两腿并拢的姿态。但是壁画中其他的人物，如农人、家仆、工匠等，因为不是受祭的对象，而是为了表现死者生前或死后世界中的活动，于是可以自由地表现出各种姿态。不过，壁画的表现，由于是二度空间，因而产生了一些透视上的问题，埃及的壁画也因为其处理透视问题的手法而成为艺术史上极特殊的例子。

埃及壁画中的人像(其实也包括一切其他的动物和所有的物品)的独特构图方式，乍看之下也许会令人失笑：当头向侧边时，眼睛和耳朵却是正对着画面前方的观者；当上身朝向一侧时，肩膀和胸部却是正对着画面前方；当胸部正对着画面前方时，乳头却画在一侧；张开的两腿更是问题，即两腿看来都是同一条腿，我们看见两个大脚趾，两脚都有足弓。我们当然不能认为埃及的画匠不懂基本的透视原则，也不能说他们的能力不足。这样独特的表现方式，一直延续到古埃及文明消失，历经数千年而从未改变，只能是一种清楚而坚定的表现原则之下的产物。这原则是：以清楚而完整的形式表现出每一部分的代表形象，而所有的形象是以正面或九十度的正侧面来呈现的。由于人体每一部分所取的代表性形象有的是正面，有的是九十度侧面，当各部分加在一起后，就形成了我们所见到的奇特形象。因而，整体而言，埃及壁画的目的是在有选择性地表现墓主和其生活环境的完整，但最重要的是表现其特质的形象，并不是一种自然如实（naturalistic）的重现。如果这样的解释有一定的道理，那么我们又可以归结到一个根本的观察：埃及的造型艺术，由于主要是为了宗教目的而作，因而其形式被特定的表现手法所限制，呈现出一种极为保守的风格。即使在一般日常生活中，一些非宗教性的物品也不能脱离被宗教性造型所定义的大传统。当然，如果细看每一时代的艺术，甚至每一座墓、每一座神庙，总是会发觉一些所谓“匠心独运”的细节上的变化，而且不乏极为杰出的作品，但这些均是在那大传统中的小变化而已。因而，欣赏埃及艺品，先要了解其功能，然后才能去体会埃及的工匠如何在遵循固定的表现方式时，以其细腻的手法和丰富的色彩企图在传统中保持一股生命的活力。

神庙与陵墓

新王国时代所留下的遗迹，以神庙和陵墓为建筑的代表。由于神庙的特殊地位，成为具有经济实力的近乎独立的机构，而国王的权威有时竟不能不与神庙妥协。每一任的国王为了要获得神明的祝福，无不对神庙的建设投入大量的财力和物力，除了增加新的祭殿，修补旧的建筑，也提供各式的物品和资源，为祭典活动所需，这当然也就等于供养庙中教士，以及其所辖的各类人士。王权与神权之间的互生关系是很明显的。自中王国时代开始，底比斯的卡纳克神庙可说是全国最重要的神庙区，到了新王国时代，其发展更为蓬勃，建筑工事可以说从不间断，一直延续到希腊罗马时代，使得卡纳克成为古代世界中最庞大的神庙区。

若从工艺的角度来说，新王国时代的神庙建筑强调的是气势的雄伟，高耸的方尖碑、门楼、廊柱、巨像，都在呈现一种力量，一方面是烘托神圣庄严的气氛，另一方面则有震撼人心的作用。和旧王国时代建金字塔的热情相较,这些神庙所耗费的人力物力亦不遑多让。和金字塔不同的是,神庙的建筑一方面是表现国王的虔敬,一方面则是作为国王宣扬个人功绩的记录板。我们对于新王国时代的片断式的政治和外交事迹的了解,多半靠的是神庙壁上的记录。这些记录当然主要是为了向神明报功,向百姓宣传,其目的不在于保存历史事实。我们利用这些记录来重建部分历史,自然要设法分辨记录中可靠与否的部分。但不论是否能真正重建历史,这些记录正可以作为我们探究古埃及官方态度和宗教思想的材料。我们必须认清一个事实:埃及神庙主要是一种宗教性和政治性的建筑,其本身是历史的产物,所反映的主要是主观的态度和信仰。如果说这态度和信仰本身就是历史事实的一部分,自然是可以成立的。但若要从其中发掘出某些所谓客观的历史事件,譬如说战争的经过和结果、王位的继承和更替,就是另一层次的问题和努力了。至于神庙的建筑是虔敬还是浮夸的表现,就要看我们是从何种角度去衡量了。

新王国时代,可能是鉴于旧王国和中王国时代的金字塔被盗掘严重,于是将国王的陵墓改建于底比斯西岸沙漠的山谷,即所谓的"帝王谷"之中,深掘岩洞,再以华丽的壁画装饰,以各式珍品随葬。王后的墓葬在帝王谷附近,被称为"王后谷"。皇族墓壁画的内容,与一般贵族的墓有别,基本上是以宗教性文献为主,除了祭典仪式和葬仪的描绘,有相当多的时候会在壁上绘制例如"地下之书""大门之书"等类似"金字塔文""棺木文"和"死者之书"的宗教作品,目的仍不外是帮助亡者在死后世界中渡过各种困难。贵族的墓葬也多为崖洞,其中墓室壁画基本上承袭旧王国以来的传统,以死者的生活为描绘对象,包括日常活动、宴会、狩猎、祭祀等等。问题是,这些活动到底是反映死者生前还是死后的日子?由其中一些关于死者接受神明祝福,以及死者在田中躬耕等画面来看,至少有一部分的墓室壁画是预期式的,也就是希望死者在进入永生的世界中,能够过着如画中那种惬意的日子。

"帝王谷"成为所有新王国时代法老的最后栖身之处,但仍然难逃被盗的命运。即使是所谓唯一未被盗掘的图坦卡门之墓,也是在发觉被盗之后迁墓的结果。怎么知道盗墓者的活动？这是由于第二十王朝时代所留下的一批纸草文献，是有关此时代在底比斯所发生的一些牵涉甚广的盗墓事件的审判记录。

盗墓的事情在埃及历史上由来已久。埃及富人在墓中放置大量随葬品的习俗显然早已引起平民百姓的觊觎。旧王国时代的墓铭中出现的对盗墓者的诅咒，清楚地告诉我们盗墓是人们所关切的事实：

> 这墓是我在西方的墓地中建造的，位于洁净而适中的地方。任何贵人、任何官员、任何人，若从此墓取走任何一块石头或砖头，我会在大神前求公道，我将如抓一只鸟的脖子那样抓着他的脖子，我会令所有世上的人害怕那在西方的精灵。①

这类的铭文，也许是后世讹传的金字塔中诅咒的起源。当然，对于敢盗墓的人而言，一切诅咒大概都没有金银的诱惑力来得大，那么金字塔岂不是最明显的有利可图的目标？的确，旧王国时代的金字塔到了中王国时代大都可能已被盗掘一空。新王国时代，由十八王朝一直到二十王朝，几乎所有的王陵都建在隐蔽的沙漠山谷之中，并有警卫看守，以防止盗墓者的破坏。然而由一些幸存的审判记录来看，法老们大都难逃死后遭受凌辱的命运。从记录中，我们不但可以得知当时盗墓者的手法和组织，也发现盗墓集团其实原本是王陵区的工人，因此才会对地形和墓葬位置了如指掌。许多时候，盗墓者不是由墓门进入，而是从墓的后面挖洞进入，若不是对墓室的方位有精确的把握，是不可能办到的。至于盗墓的事为何会被发现，倒并不是警卫得力，因为警卫本身也是其中的一分子，而是因为盗者内部分赃不均而被告发的结果。

> 他被棍笞拷问，手足扭曲。他说："四年以前，在法老的第十三

① 蒲慕州，《尼罗河畔的文采》，台北：远流出版公司，1993，51页。

年,我像平时一样地走过底比斯西岸的堡垒,当时我和石匠哈比维尔、工人阿曼恩哈布、木匠塞特那克特、木匠尹仁阿曼、石匠哈比欧,以及法老(……)的祠堂挑水工卡恩瓦色,总共是七个人。我们打开底比斯西岸的陵墓,把其中的内棺搬走。我们将它们上面的金银剥下偷走,我和同伙彼此瓜分。

"(……)木乃伊。我们发现(……)他的颈盖着有字的金片。我们(……)去到安梦神第三祭司塔努芙的墓中。我们把它打开,将他的内棺搬出,把他的木乃伊取出,放在他墓中一角。我们将他的内棺抬上这条船,和其余的一起,去到阿曼欧培岛。我们将它们放火燃烧,然后取走烧出的金子,每人分得四基特(kite)的金子:五(注:应为七)个人,每人四基特的金子,总共一德奔(deben)六基特金子。我们再去到(……)区,进入一个墓。我们将它打开,取出一具内棺,它覆盖的金子一直到颈部。我们用一只铜凿把金子剥下取走,再将它在墓中放火烧掉。我们又找到一个铜盆、两个铜瓶。我们将它们运到河对岸,彼此瓜分。当我们被逮捕时,此区的书记卡恩欧培来找我,(……)我将那四基特的金子给了他。"①

看来书记卡恩欧培乘人之危趁机勒索,文中虽没有说到,但想来也难逃法网。第二十一王朝初,由于盗墓者仍然十分猖獗,国王就下令将十八王朝以来各朝法老的木乃伊都集中放在一处隐秘的小墓之中。这些历尽沧桑的法老们终于能够不再受到干扰,一直到十九世纪末才又重新被发现,成为开罗博物馆的贵宾。

盗墓的事实所呈现的埃及社会似乎离一种虔敬的文明有相当的距离,但人之所以会有这样的感觉,主要是根据一些模糊而浪漫的印象,以为古埃及社会是个极重视信仰的地方,而死后审判的观念又应该会形成

---

① T. Eric Peet, *The Great Tomb-Robberies of the Twentieth Egyptian Dynasty*, Oxford: Clarendon Press, 1930, pp. 60—61.

良好的社会道德。这种印象的形成，当然是现代学者美化的结果：我们在一般所谓的古文明巡礼之类的媒体中所能见到的埃及，所用的形容词汇不外乎庄严、雄伟、华丽、精致、生动、虔敬、安详等等。这些，与其说是捕捉了埃及文明的精髓，不如说是呈现出现代人心中的希望，希望在远古的埃及找到一个理想国度。这一点，可以说与柏拉图的基本心态也很相似。要跳出这种理想化的印象，其实也并不困难，如果我们设法看看埃及的农村和社会生活，就可以有机会看到一个比较接近真实的景象。

日常生活

食

我们在第四章中已经讨论过农民的生活和工作情况。由旧王国一直到新王国时代，农人的生活形态似乎没有任何重大的变化，连使用的农具也不见改进。在牲口饲养方面，新王国时代唯一的变化是马的引进，但马匹主要是王室和军队所用，在民间，主要的驮兽仍然是驴子。

在日常饮食方面，一般埃及农人以面包为主食，配以自制的啤酒。人们将麦磨成面粉，然后做成各种面点。根据新王国时代的一份文件，埃及有一百多种不同的面包。在壁画中常见的有半圆形的，也有角锥形的，也有切成片状的，不一而足。现代考古学者曾经试着用考古发现的烤面包用的陶范来设法做面包，结果据说尚可下咽。

面包的种类虽多，但由一些木乃伊的牙齿磨损状况来看，有些学者认为当时人所吃的面包中含有相当多的沙粒，因为在磨面粉时，磨石上的碎片会混入面粉。而所谓的啤酒，基本上是发酵的大麦水，在饮用时若不先将上层的渣滓过滤，就必须用一根吸管伸入瓶中吸食。

至于葡萄酒，由于葡萄的生产需要大量的人力照顾，一般只有贵族官僚家中才有能力饮用。由于成本不同，价格也不一样。一般而言，葡萄酒的价格是啤酒的五倍。在旧王国以来的墓室壁画中，在果园中采集葡萄以及榨汁做酒的情景是埃及墓主最欣赏的主题，因为葡萄酒不但是身份和地位的象征，也具有宗教意义。由于葡萄酒的红色，埃及人赋予葡萄酒一些宗教和神话的寓意。譬如说，葡萄酒的颜色和血相似，在一个神话中，酒就象征榨酒机之神将敌人的头丢到榨酒机中压碎后榨出的血。或者，在另一神话中，当泛滥季来临时，尼罗河水一夕之间变成了酒，据说是因为尼罗河神奥塞利斯主万物生长，而葡萄每年成熟后制成酒，则是奥塞利斯神奇大能和生命回春的象征。在壁画中若是以葡萄藤为装饰，正是象征墓室作为复活之处所。

菜蔬方面，有各种蔬菜，如莴苣、洋葱、茴香，以及各种水果，如葡萄、无花果、椰枣等。此外肉类也是重要的粮食，埃及人喜欢的是牛羊肉，尼罗河中丰富的鱼类和河畔沼泽中的鸟类也是蛋白质的来源。

衣

埃及是个比较热的地方，人们的衣着通常比较简单。自古以来埃及人用亚麻纤维织布做成衣服。一般男子只着一件白色短裙，腰部以上不穿衣；女子则着一白色连身长窄裙，不过通常也只及胸部以下，加上两条宽的肩带。在比较正式的场合，他们也会加上一件外套。这样的服饰，自国王至百姓，都相去不远。

如果服饰不太能作为身份的标志，那么就只有用珠宝首饰了。埃及人果然非常重视珠宝装饰，各种的耳环、项链、手镯、发簪等，足以表现出穿戴者的身份和地位。

埃及女士们喜爱化妆，则是相当有名的。她们画眼线、涂眼皮膏、擦胭脂、上口红、编辫子、戴假发、挂耳环及各种饰物，当然，也必须对镜梳妆。实际上，比较有身份的男士也会化妆，上眼线、戴假发并不是稀奇的事。一个明显的事实是，在各类的饰物中，有宗教象征意义的符号可以说无所不在，因而实际上所谓的装饰品与护身符之间的差别并不太大，甚至可以说，强调饰物与护身符的差别是没有太大意义的。

在画像表现中，男女的差别除了衣着之外，肤色也是相当明显的。一般埃及男子的肤色都呈棕黄色，大概代表男子经常在外活动，晒得比较黑，而女子的肤色通常都是粉白色，则象征女子的生活比较文静，不常在户外活动。这些应该都是理想型，和实际的肤色应仍有相当的差异。

埃及的儿童，在图像资料中所见，经常是裸体，大约是因为天气温暖，又没有社会地位。实际上，儿童不着衣裳，并且梳一条辫子，是埃及图像中所谓儿童的固定形象。至于女仆和农人，在画像中常常不着衣裳，不但和他们的身份和经济地位有关，恐怕也是因为他们没有独立的地位，就如同儿童一样。

住

在住的方面，埃及一般百姓住的是晒干的泥砖砌的屋子，上搭草顶，有的有两层，但一般都非常简单，有一座炉灶可用就算不错了。这种屋子，一直到现代仍是农村的主要建筑方式。至于贵族和国王的居所，自然依身份不同而有不同程度的豪华，但是即使是国王的宫殿，虽然比较宽敞高大，却主要仍是木柱和泥砖所构成的，不过在墙壁上常会先用白石灰抹白，再画上一些装饰花样。总之，似乎只有死者才配住石质的房子，也就是石室墓，埃及人称为“永恒的住宅”，大约也是因为石材可以永远不朽，与埃及人相信死后另有一永生世界正相配合。

房屋内的家具大部分是木制品，一般床是长方木框，用皮革编织成床面，如中国的藤床。椅子一般有两种，一是如中国太师椅式的椅子，有靠背和扶手，比较讲究的还要在椅背和扶手上雕花，又把四只脚雕成狮子的脚，象征椅子主人高贵的身份。不过最令人称奇的可能是埃及人的枕头了，这种枕头是否真的合适人睡觉用，恐怕只有自己去实验一下才可以有意见。

当然，人死之后的棺材是“永恒的住宅”中的家具，通常有木制和石制两种，木制品的精致程度可以相去很远，由一般平民的简单木盒子，到贵族国王的彩绘大棺，是死者身份和地位的反映。在讲究的墓中，和中国古代类似，也有内棺外棺，甚至有更大的木椁在外。同时，棺上的装饰也有模仿房屋的形式，象征死者的居所。同时，埃及人又喜欢将棺木（或者石棺）雕刻成为死者的面貌，如一个面具，这其实是等于一座死者的雕像，希望死者将来可借之复活。不过，到了希腊罗马时代，人们干脆就用一块绘有死者面貌的木板覆在木乃伊脸上。也正因为如此，我们可以很清楚地看到形形色色的古埃及人（也包括希腊人和罗马人）的面貌。

当然，用石材来制造棺具，就更为贵重了。早在旧王国时代，只有国王才有石棺，新王国之后，只要财力够，贵族也可以用石材制棺具。许多时候，人们也将石棺盖雕刻成人形。新王国时代以后，也有人用人形的陶棺下葬，自然就比较便宜。

行

古埃及人是个乘船的民族，从史前时代的瓶画中我们就可以看到人们乘着大船在尼罗河中航行的景象。由于尼罗河是天然的交通大道，不论是上行或下行，船是最方便的交通工具。埃及人也很早就发现用帆的道理，有经验的水手可以借着轻微的北风让帆船逆流而上，由南向北航行，则收帆顺流而下。

船的建造大约有两大类，一类是小型的日常交通用船，一般是用纸莎草的秆编织而成，由于制造和原料取得都很方便，是人们最常用的交通工具。如果要运输货物和重物，如石材等，就必须用比较大的木船。在吉萨大金字塔旁曾经出土过给国王随葬的大木船，船身长达二十米，全部用木材和麻绳捆绑而成。船上还有遮阳的船舱，十几支大桨，看来相当舒适。

除了船之外，埃及人在新王国之前都没有车，也没有马。主要的驮兽是驴子，人们似乎也不会骑驴。用马拉的战车在新王国时代才出现，可能是西克索人所带来的。但那只是王室贵族和军队的专利，用来运输的车似乎一直不发达，可能是因为对于埃及的狭长地形而言，水运仍然是最方便而经济的交通工具。至于现代在埃及和近东地区仍然有相当重要性的骆驼，则要到公元前一千年左右才开始被人大量使用为驮兽。

商业与贸易

在古埃及，政府并没有发行钱币，人们主要是以物易物。不过这以物易物的方式仍然有一种交易的标准。就是以一定重量的金、银、铜三种金属作为交易的标准。由中王朝到新王朝时代,这三种金属的交换比例虽然有上下波动,但在2∶1∶1/100左右。而重量的单位主要是德奔(deben=91g)和基德(kite=1/10德奔),通常金和银是以基德为单位,而铜是以德奔为单位。至于量谷物的单位最大的是一卡尔〔khar=欧培(oipe)=160 hin=6.56公升〕。例如在第十九王朝纳姆西斯二世的时候,一个来自叙利亚的女奴的价格是四德奔一基德的银子,不过买主所付给卖主的并不是银子,而是一些布匹、牲畜、器物。农人在收成之后,就必须把他的产品送到城里去卖,或者说,换取他们的必需品。有一个《农夫的故事》是这么说的:

从前有个人,名叫洪安努,他是盐场地方的农人。他有个妻子,名叫美丽。有一天这个农夫对他的妻子说:"喂,我要到埃及去给我的孩子们运食物来。到谷仓去称一些谷子,就是去年剩下的那些。"于是她称了六赫卡谷子给他。这农夫对他的妻子说:"听着!还有二十赫卡的谷子可以让你给你的孩子们做食物。但你得替我把这六赫卡的谷子做成面包和啤酒,以供我明天(在旅途中)所用。"

于是这个农人向埃及出发,将他的驴子背上装满了"雅"、"瑞梅"、盐……法拉夫拉绿洲的棍条、豹子皮、狼皮等盐场所出产的各种好东西。

这农人是不是要去埃及买谷子,我们不能确定,但是他所住的地方是下埃及西方沙漠中一个产天然碳酸钠的小绿洲,而他用驴子运到埃及去的各种"土产"中并没有谷子,所以我们可以推测他是要用这些土产到埃及去换谷物。那么,当时的物价如何?从一些买卖记录中我们大致可以推测当时(新王朝时代)的物价:

粮食:大麦　1卡尔=2德奔　铜(下同)

燕麦　1 卡尔 =1—4

面包　1 块　=1/5

牲畜:牛 =30—120

驴 =26—40

猪 =5

羊 =1—3

木器:棺木 =5—60,平均 20,最高 80

床　=2 1/2—25,平均 15

椅　= 2—30

金属:青铜盆 =3—20

铜剃刀 =1

刀　=3

布皮:裙　=1

草鞋　=1/2—2

山羊皮 =2

上面这些物价表可以让我们约略了解古埃及社会中不同物品的相对价值。

当时的农民工资如何,或者是否有工资可言,我们并不清楚。但在底比斯西方的帝王谷中替国王建造坟墓的工人的工资,我们有一些资料可循。考古学者在工人的聚落遗址中发现了一份“饷单”,有下面的记载,可以知道他们的工资是每个月以谷子的实物支付:

工头:大麦 2 卡尔,燕麦 5 1/2 卡尔(下同)

文书:大麦 2,燕麦 2 3/4、3、3 1/4、5　不等

工人:大麦 1 1/2,燕麦 4、3、2、1、1/2　不等

读者可以自行换算一下,一个工人一月的工资可以买到几块面包、几

双草鞋？

妇女地位与两性生活

现代读者关心的重要问题，是古代社会中人们的感情生活和两性关系，究竟和现代有何不同？我们在上章中已经谈到埃及人的情诗，可以见到男女双方都相当主动地表达情意，这是否代表男女地位相对比较平等？这个问题显然是一个比较的问题，我们大概只能用某一种标准来衡量所谓平等与否的问题。一个比较具有指标性的标准，也许是财产的拥有与否，以及处置财产的权利。根据一些法律文献，不论是作为寡妇还是女儿，妇女可以和男性一样有权继承遗产。同时，妇女可以独立行使具有法律效力的行为，例如在法庭中做证，可以独立进行买卖，可以解放奴隶、领养子女、立遗嘱，甚至可以在法庭中代表男性提出申诉。这些权利，如果与希腊罗马社会相比，我们可以说，埃及的妇女比希、罗社会中的妇女有更多的权利，因而相对而言，男女地位比较平等。当然，在公共生活中，妇女不参加政府各级机构，但在神庙中，女性会担任某些特定的职位，多半与祭典仪式中的音乐和舞蹈有关。

埃及的婚姻制度为一夫一妻制，只在王室中才有例外，如国王拥有多个妃子，但总是有一个主要的王后。婚姻的建立，主要是男女双方同意之后即可，并没有一个世俗政府或者宗教的权威在男女双方之外行使任何同意权，而当男女任何一方觉得有必要结束婚姻关系时，也并没有任何政府或宗教权威可以禁止。当然，在结婚前，通常会立下契约，说明男女双方各自为新的家庭带来多少财产，而在离异时，视其造成离异的责任归属，有不同的处置财产的方法，这其中男女双方基本上是平等的。不但丈夫可以提出离婚的要求，妻子也可以主动要求离婚，如果妻方有理，她不但可以带走她结婚时带来的财产，还可以分得双方在结婚后所获得的财产的三分之一到一半。由这些情况看来，至少在实际的例子中，埃及的夫妇地位是相当平等的。

埃及的婚姻虽为一夫一妻制，但实际上对于稍富有的人家而言，男主人娶妾的情况也不乏例证，我们在第六章中曾引用赫卡那克特的书信，中间就曾提到他有一名妾：

任何人如果侵犯我的妾，就是侵犯了我。我就是他的敌人。注意！这是我的妾，人应该如何对待一个人的妾是很清楚的。如果任何人对她行了我所行的事——真的，如果你们之中任何人的妻子被侵犯，你们能够忍耐吗？不！你们不愿为了我的缘故而尊敬我的妾！

看来在他的眼中妻妾的地位相去不是太远。

由以上讨论看来，埃及妇女的地位相对于一些古代文明社会中的女性而言应该是比较高的，但我们仍必须承认，在社会中妇女一般只有一个辅助性的地位，《普塔和泰普的箴言》中有一些关于妇女的说法，可以反映出社会主流价值观中的妇女地位：

如若你富有钱财，建立一个家，你应爱你的妻子，让她得到饱暖，以膏油浇点她的身体。在你有生之时，要让她快乐。她是一片沃土，对她的主人有益。你不应该离弃她，让她服从你的尊严，她就会看见，那让她得以居留在你家中的人。你的逼迫会招来泪水，她的身体是她所付出以取得地位的东西。①

在另一件被称为《安利的智慧》的作品中，安利教导学生说：

当你年轻时，娶一个妻子，好让你得到一个儿子，而她可以在你年轻时就有他。有子嗣和一个大家庭的人是幸福的。他因为子女而受敬重。不要在家中监视你的妻子，如果你已经知道她有多勤快。当她已经将东西放在应该放的地方时，不要对她说："东西在哪儿？

① 蒲慕州，《尼罗河畔的文采》，台北：远流出版公司，1993，150 页。

去拿来！”让你的眼观察，保持安静，你就会知道她的好处，而当你照顾她时，她会有多快乐。……不要追求（另外）一个女子，不要让她偷走你的心。小心陌生的妇女，不要看她，不要认识她。她是一潭深水，有危险的旋涡。[1]

这些话语可以让我们了解埃及社会中流行的对待妇女的想法与态度。我们可以说，埃及的妇女，或者至少有一部分的妇女，拥有相当独立的地位，也有独立的人格。但这些只能被认为是埃及妇女地位有可能达到的一种程度，不表示这种情况是普遍的现象。

至于所谓的兄妹婚，是长久以来关于埃及婚姻关系的一种误解。在法老时代，国王有与同父异母之妹妹结婚的例子，第十八王朝的哈谢普苏就是与同父异母的图特穆斯二世结婚，但这是极少的例子。此外，表兄妹结婚的例子也有一些，但基本上一般人的婚姻中尚没有发现这类特例。造成埃及有兄妹婚习俗的印象的因素大致有二：一是托勒密时代的王室的确有亲兄妹婚的例子，据说是为了保持王室的利益不外流，也可能是王室家庭伦常的松弛；另一可能的因素是，埃及夫妇彼此的称呼一般是“兄妹”，因为在埃及文中，“兄妹”和“夫妇”用的是同一对词：sen、senet，其字源为“一双”（sen）。这是造成早期埃及学者误解的原因，而误解一旦造成，由于它具有某种耸人听闻的效果，就很容易流传而难以更正。

法律

埃及的法律属于所谓的习惯法，没有如两河流域文明那种成文的法典，一切法律案件的判决都是以成例或常识为依据。在每个市镇都有一种由地方长老、重要人物或一般平民组成的委员会，一方面处理地方事务，一方面也为法律纠纷当审判团。不过这类委员会是有事才集会，人数

① M. Lichtheim, *Ancient Egyptian Literature*, Berkeley: University of California Press, 1976, pp. 136—143.

也视事情的重要性而定。在底比斯附近，由于阿曼诺非斯一世为奠定帝王谷工地的法老，后来成为当地的保护神，于是有时法庭是由阿曼诺非斯的神像主审，而成为一种神判。阿曼诺非斯通常借他的雕像出巡时的摇动方式显示他的意见，有时也借媒介者之口说出。这种神判的目的，大约是为了加强审判团的判决的权威性，因为就记录看来，神判的结果并不见得和人判有太大的差别，即使在神判中，人的审判仍然是基础。由现存的一些审判记录看来，当时的案件类别大约不出人们生活中可能发生的纠纷：盗窃、贷款、买卖、继承、通奸、伤害等，均有例证。当法庭做了判决之后，也可以执行判决：笞打、下狱、罚款、苦工等，均有所闻。如果是严重的犯罪，被判死刑，则必须送到底比斯神庙大祭司或者法老面前，由他们下最后的判决。

整体而言，古埃及政府的运作保证了其人民有一定的权利，也就是受到法律的保护。虽然他们并没有写下的法典，但在各种契约行为中，我们可以明显看到，若不是有一套行之久远、又能与时俱变的法律和执行法律的程序，社会各方面的运作是不可能顺利进行的。而玛特的观念和死后审判的信仰，当然也是埃及社会中法律的基础。

艺术、生活与宗教

回到本章的主题，埃及艺术和日常生活中其实充满了各种宗教的因素，是我们现代人在设法了解埃及文明时必须面对的。我们不但在神庙和壁画中看到宗教的主题是如何表现的，也在日常生活中看到宗教因素在不断地显现。这种现象说明了埃及社会的特质，也提醒我们，如果能明白宗教因素在各层面的影响，我们对于那个社会中的现象应有更全面的了解。宗教，是了解古埃及文明的一把钥匙。问题是，是否有其他的钥匙？其他文明的钥匙又是什么？

第十章　回光返照——倾圮的能否复兴?

所有外邦的伟大领袖甘比西士(Cambyses)进入了埃及,所有外邦的人都追随他。当他征服了这个国家,他们在此驻留,他成为埃及的伟大统治者和所有外邦的伟大领袖。

——《乌加霍雷斯尼自传》

第三中间期

一般埃及史作者在谈到第二十一至第二十五王朝的历史时,多半以带有惋惜的语气,称其为一个衰弱的时代,即所谓的第三中间期。这中间期,就如同第一和第二中间期一样,是个“黑暗时代”,因为我们对此一时期的历史所知甚少。但就我们所知的少数资料而言,这是个政治分裂的时代。埃及新王国后期的国内情势主要有两方面重要的发展。在政治上,法老的力量因为王位继承本身的不稳定性而日渐萎缩;相对的,在底比斯主掌宗教的大祭司所握有的财力和随之而来的政治力量则日渐增加。到了第二十王朝的末期,底比斯大祭司的职位已经成为世袭,权力因而集中至一个家族,形成了可以和法老分庭抗礼的国中之国。法老的力量不但不及上埃及,也不能伸展至三角洲。因为此时尼罗河三角洲已经形成小地方势力割据的局面,其中包括不少由利比亚方面进入埃及的异族。这些利比亚人先是作为埃及的佣兵,后来则逐渐发展成为军阀。能够说明这时埃及的国内政治和国际关系的,是一件迄今尚未有任何其他抄本的文献,或者至少是由一份真实文件改编而成的作品——《温安梦出使记》。温安梦为第二十王朝末期底比斯城安梦神庙的祭司,因为修建安梦神乘坐的大船,必须到黎巴嫩去购买上等黑檀木,此文为他回埃及后之追述,基本上与《西努赫故事》相似,描述埃及人在异邦的遭遇。

第五年，干旱季的第三月，第十六日：安梦神庙的长老温安梦出使，任务是替现在正停泊在河上的众神之王安梦雷的雄伟巨船（名为无施赫安梦）求取木材。当我找到了史曼第与塔尼安梦的都城坦尼斯之后，我将众神之王安梦雷的信交给他们，他们就让人们即时宣读，他们说："是的！我会遵照众神之王安梦神的指示去做！"我在坦尼斯停留到干旱季的第四月，史曼第与塔尼安梦差遣船长门格贝和我一同启程，于干旱季第四月的第一日向大海出发。

我抵达了切克尔地方的港口多尔。当地的领袖贝德尔送给我五十条面包、一坛酒、一条牛腿。我船上的一个人逃亡了，偷了一盒金子，价值五德奔，四盒银子，价值二十德奔，和一袋十一德奔的银子。他总共偷走我五德奔的金子和三十一德奔的银子。

第二天清晨当我起床之后，我到了那领袖的居所。我对他说："我在你的港口内遭了窃。你是此地的首领，所以你应该找回银子。这银子属于众神之王安梦雷，它属于史曼第，它属于我的主人赫利霍，以及其他的埃及大人们！它也属于你，属于卫瑞，属于麦克密，属于卑布罗的首领察卡巴尔。"

他回答道："不论你是多重要或者多有地位的人，我都不接受你的指控！如果有本地的贼上了你的船，偷了你的银子，我就会从自己的财库里拿出银子偿还给你，一直到这个贼被捉到为止，不论他是谁。但是这名偷你东西的贼是你自己的人，是你船上的人！在我这儿留几天，让我设法捉拿此人。"

我在他的港口停留了九天，而后我去找他，对他说："喂！你还没有找到我的银子，我要和船长船员们离开了！"但是他回答说："少安毋躁！……"（以下文句残破，大意是温安梦终于离开多尔，途经泰尔港，驶往卑布罗，在途中遇到一艘船，发生冲突，温安梦损失了船，但是抢到了对方的银子。）我在（那船中）发现了三十德奔的银子，就抢了过来，说："你的银子我要扣留，直到找到那偷我银子的人！你纵使没有偷，我也要扣留。”……他们离开之后，我在卑布罗港海边的幕帐欢庆自己的得手。我把旅神安梦的财富放在其中。

卑布罗的国王对我说：“离开我的港口！”我回道：“我能去哪儿？……（如果你有船可以）载我，让我回埃及吧！”我在他的港口里停留了二十九天，而他每天都遣人来说：“离开我的港口！”

当他向他的神明献祭时，神降临在他的一个随从身上。随从对他（卑布罗王）说：“把神像带来！把那携带它的使者带来！是安梦派遣他出来，使他来到此地的！”但这天傍晚当这名随从正在被神明附体时，我已经找到一艘准备驶往埃及的船，而且把所有的东西搬上了船。当我正在等天黑以便把神像也搬上船，好不让别人看见的时候，港口的主管来见我说：“国王说，等到天明再说。”我对他说：“你不是那每天来传话说‘离开我的港口’的人？你难道不是来叫我暂等，然后让我找到船离开，然后又来说‘离开’？”他就去告诉国王，国王于是派人对船长说：“国王说：‘等到天明！’”

天明后，他（国王）把我请到（他的住所），但是神像仍然在海岸边的幕帐之中，我看见他坐在屋内，背对着窗户，大海的浪花在他的身后冲击。我对他说：“愿安梦祝福你！”他说：“到今天为止，你已经离开安梦的领土有多久了？”我说：“一共是五个月零一天。”他说：“真的？你应该有的安梦的信件以及安梦神庙大祭司的信件在哪儿？”我说：“我把它们给了史曼第和塔尼安梦。”他非常生气地说：“你看看！你竟然没有信件和公函！史曼第给你的杉木船在哪儿？他的叙利亚船员呢？他是不是想把你交给这个外籍船长，好让他把你杀掉，投入海中？然后有谁知道神像的下落？而你，又有谁会知道你的下落？”我说：“那怎么不是艘埃及船？而且的确是在史曼第的指挥下的船员！他没有叙利亚籍的船员！”他对我说：“我的港口里不是有二十艘船与史曼第有生意来往吗？你所经过的塞顿港不也是有五十艘船和沣拉克提有生意往来?”我此时无法回答。[1]

我们应该如何解读这段故事？虽然它看来有如一篇报告，但不一定是真实的故事。另外，我们又可以认为文献中的历史背景有其真实的根据。温安梦的遭遇反映出的历史背景，是埃及国内的南北分治，国外的声威也在下降中。尤其重要的是，温安梦的故事透露出一种心态的改变。在新王国或更早的时代中，埃及的公私文献中大都对外邦人采取一种鄙夷的态度，但是这种态度在温安梦的故事中有了转变。文中所描述的温安梦的坎坷遭遇，巴勒斯坦人和卑布罗（Byblos，今贝鲁特）国王等对待他的态度，说明了两层意义：就表面而言，埃及的声望是今非昔比。卑布罗城主自述从前埃及王在当地取木材时总是带着丰富的礼物作为交换，而今温安梦连带来的银子都被抢劫一空。埃及不但不能以丰厚的礼物夸示国力，连使者的安全都不能保护，当然是相当不堪的。另一层的意义，则是文献中所呈现出的一种新的心态，埃及作者（不论是否为温安梦本人）所描绘的巴勒斯坦人具有相当独立之地位和不卑不亢之态度。例如温安梦与卑布罗王对话之部分，表现出相当深入且对当地历史及人民情绪之了解与同情。卑布罗王向温安梦说：“如果埃及的统治者是我的主人，而我是他的仆人，他不会需要送来金银财货，说‘执行安梦的命令’。从前的埃及王送给我的先人的并不是无偿的礼物！至于我自己，我也不是你的仆从，也不是那遣你来的人的仆从。”温安梦力图说服对方承认安梦神之权威，显然已承认卑布罗王之独立地位，亦不以臣邦之角色视之。此种对外族立场之尊重，对其领袖人物逼真而又正面之措述，几乎不可能在正式官方文献中出现，也因此极具象征意义。我们若将此文与卡德希之役的记载相较，就可以看出其态度的差异。纵使是在新王国时代其他私人文献中，我们也很难看见相似的态度。这当然不是因为埃及人不了解外邦人，而是为意识形态所限。

---

① 蒲慕州，《尼罗河畔的文采》，台北：远流出版公司，1993，104—111 页。

实际上，我们知道，新王国时代埃及与外族有许多接触的机会。外族人与外族的语言，甚至神祇，都经常进入埃及社会。埃及也被迫以一种平等精神承认外在世界，王室的国际联姻就是最明显的例子。然而不论实际情况如何，新王国时代埃及官方文献基本上仍然继承古代传统，以外邦为敌。官方文献凡提及巴勒斯坦人时，均以“可憎的巴勒斯坦人”（Aamu-hesi）称之。各种有关异族的图像也遵循固定的模式，即外邦人通常以俘虏之形象出现。例如图坦卡门，虽然年轻早逝，并无任何战功，但在他墓中所出土的家具上，仍绘有国王战胜巴勒斯坦及努比亚人的图像，在一座踏脚垫上亦画有两名外邦俘虏被国王踩在脚下。此类图像，如同我们在早期王朝时代所见的纳米尔石盘上国王举石槌打击敌人之图像一般，为埃及图像传统中所常见。易肯阿顿的《太阳颂》虽然宣称全世界都在太阳神的保护之下，埃及人与外邦人有同样的地位，但这也是以埃及为中心的说法，与温安梦故事中所透露的对外邦人的同情仍然相去甚远。可以说，这故事是埃及帝国由盛而衰的一件戏剧性的指标文献。

在故事中，远在底比斯的大祭司赫利霍是个独立发号施令的统治者，三角洲地区则为史曼第统治，这说明第二十王朝最后一个国王纳姆西斯十一世已经不再掌权。三角洲地区此时已经有相当长的时间处于半独立的状态，史曼第最后称王，在距原首都皮拉美塞北方约三十公里处的坦尼斯（Tanis）营建新都，而整个上埃及则由底比斯大祭司统治。据希伯来《旧约》记载，一位埃及法老曾送一个女儿给所罗门王为妻①。如果这是事实，应是在第二十一王朝时代，而埃及王向来只娶外国公主为妃，但不出嫁女儿的高姿态在此时也宣告结束。这当然也是埃及国际地位的一个表现。

当第二十一王朝经营惨淡之时，自第二十王朝初即渗入三角洲西部的利比亚移民的后裔逐渐壮大，由于长期同化于埃及文化，又以其武力强盛而成为埃及军队的主力，于是其领袖示撒（Shoshenq I）就在时机来临时

① 《旧约·列王纪上》，3:1。

独立称王，在布巴斯底（Bubastis）建立了第二十二王朝（公元前945—公元前715）。他在位时，所罗门的以色列王国分裂为北方的以色列和南方的犹大两王国，而示撒曾庇护后来成为以色列王的所罗门之子耶罗波安（Jeroboam），又曾在犹大王罗波安（Rehoboam）时入侵（约公元前925），攻取耶路撒冷，夺走宝物[①]。以色列的分裂而不能复合，与示撒的作为有一定的关系。此时埃及的声威也许由于武力的强大而再度上扬。示撒继续发展与域外的关系，与卑布罗建立商业关系，也在坦尼斯和底比斯兴建神庙。

不过在第二十二王朝下半期，也就是公元前九世纪下半期，西亚地区的国际形势又有了新的变化。新兴的亚述帝国在国王亚述那西巴二世（Ashurnasirpal II，公元前883—公元前859）的领导之下，积极地向叙利亚和巴勒斯坦发展。埃及和巴勒斯坦诸邦如以色列、卑布罗、大马士革、哈玛等邦于是形成了联合阵线，抵抗亚述王沙曼尼色三世（Shalmaneser III，公元前858—公元前824）的入侵，成功地阻止亚述军队的长驱直入，不过犹大终于向亚述帝国称臣，其他小邦也一一屈膝。埃及虽几乎成为亚述帝国的俎上之肉，但由于亚述帝国内部的权力争夺，一时尚未失陷。公元前九世纪末，三角洲中部兴起另一小王国，为第二十三王朝（公元前818—公元前715），不过所有相关的材料其实最多只能告诉我们几个称王者的名字，以及他们与底比斯的关系。第二十四王朝则是由兴起于塞斯（Sais）的利比亚军事领袖所建立，不过只延续了十余年（约公元前730—公元前715）。这一连串的小王朝在三角洲竞相而起，主要是由于新王朝时代晚期以来的统治者采取的分封王室成员的策略，以至于造成众多的小朝廷，或者说，割地自守的小军阀，而这又与三角洲原本的族群结构正好相合，因为利比亚后裔的军事强人正是这种小军阀最合适的人选。而在三角洲诸强彼此竞争之时，远在南方第四急流区那帕达兴起了一个努比亚人建立的王朝，是为第二十五王朝（公元前747—公元前

① 《旧约·列王纪上》，14:25—26。

656）。

那帕达王朝其实有一段相当长远的历史，因为自第二十王朝起它就脱离了埃及的控制而独立发展。那帕达的努比亚黑人自古以来就受到埃及文化的影响，在当地仿照底比斯建立了太阳神安梦神庙，并自以为是埃及文化的传人。第二十五王朝的建立者皮安赫（Piankh，公元前747—公元前716）在即位后，遵循上任国王的政策自北发展，占领了底比斯。第二十四王朝的国王特夫那克特（Tefnakht）组织三角洲各小朝廷的力量，企图收复南方的领土。但皮安赫成功地击败了联军，攻入孟菲斯，在重新安排了人事之后，他回到了那帕达，从事建设。他对待旧势力的方法，可说是分而治之，分封小朝廷，希望他们能彼此牵制。不过这些希望其实也并不切实际，在皮安赫回到那帕达之后，北方的情势又发生了变化，因为亚述帝国的力量再度扩张。皮安赫于公元前七一六年去世，由弟弟夏巴卡（Shabaka）继位。他为了避免和亚述帝国正面冲突，采取合作的态度，甚至将逃亡至埃及的巴勒斯坦小邦国王绑送至亚述帝国。埃及此时可算成为亚述帝国的附庸之一，但亦换取了一段平安的日子。夏巴卡的国内政策倒是有些特色，他本身虽为努比亚人，却以发扬古埃及文明为己任，著名的《孟菲斯神论》的碑石就是他在位时立下的，他又在许多城市建立新的神庙，以示虔敬。等到他的下任国王谢比特古（Shebitku）和塔哈卡（Taharqa）时，终于又再度面临亚述帝国的入侵。塔哈卡在位时虽有相当长的一段和平时期，但到了后来不得不主动出兵至巴勒斯坦，以防亚述帝国入侵。到了公元前六七一年，亚述军队在国王伊萨哈顿（Esarhaddon，公元前680—公元前669）领导下击败了埃及，孟菲斯陷落，经过数度易手，亚述帝国取得上风，塔哈卡于公元前六六六年逃回老家那帕达。亚述人在三角洲塞斯城建立了另一个埃及政权，以代他们治理埃及，这个政权作为亚述帝国的外围组织，一方面收税，一方面保障这一地区的安全。这就是日后第二十六王朝的起源，其首任国王即涅可一世（Necho I）。涅可一世在与第二十五王朝余众战斗时阵亡，但亚述军队立即介入，于公元前六六四至公元前六六三年再度入侵埃及，攻陷了底比斯，摧毁了神庙建筑,将财物洗劫一空,这是底比斯建城以来最大的一次灾难,也是第二十五王朝在埃及统治的终点。亚述人又立涅可一世之子萨美提克一世(Psammetichus I, 公元前664—公元前610)为王,希望他能继续作为亚述的附庸。

第二十六王朝的复兴

不过亚述帝国本身的政权并不稳定,国王亚述巴尼帕(Ashurbanipal,公元前668—公元前631)在位时,其弟巴比伦王联络东方伊兰王国和西方的埃及,企图消灭亚述帝国,虽没有成功,但亚述帝国的力量在战争中大受削弱。到了公元前七世纪末,巴比伦王和米提人(Medes)联手在公元前六一二年攻下亚述帝国首都尼尼微,亚述帝国灭亡。埃及在萨美提克一世的领导之下摆脱了亚述帝国的控制,恢复了独立,更加提倡埃及古典传统,尤其是工艺品的风格,又恢复到中王国时代,甚至旧王国时代的样子,因而现代埃及学者好称此一现象为埃及的文化复兴运动。但这些当然不只是一种思古的情绪,而有其政治上的目的,即在三四百年的纷扰之后,塞斯王朝想要取得文化上的正统性,好成为全埃及的统治者。萨美提克一世将他的女儿妮托克丽斯(Nitocris)立为底比斯的神后(God's wife,女性宗教领袖),成为实质上控制底比斯的人物,可以说埃及全境已经再度统一。

在实际的政策上,此时的埃及由于需要应付亚述(后来是巴比伦)和努比亚两方面的威胁,一方面大量雇用外籍佣兵,其中以希腊人为主,另一方面则加强与希腊以及地中海东岸地区的贸易。外国商人不断进入埃及,也有一些希腊人开始来埃及旅行,并找寻其文明的根源。日后希罗多德也是此类人物。希腊商人在三角洲建立贸易站瑙克拉提斯(Naucratis),已为考古发掘所证实。

涅可二世(公元前610—公元前595)曾一度想要恢复埃及的国际声威,进军幼发拉底河畔,但不久即被巴比伦所击败。到了阿普利(Apries,公元前589—公元前570)时,埃及再度遭受巴勒斯坦及利比亚方面的威胁。他为求胜利，过度依赖希腊佣兵，因而引起了埃及人的反感，造成了一次政变。阿普利逃亡至巴比伦，又被巴比伦王尼布甲尼撒（Nebuchadrezzar，公元前604—公元前562）送回埃及，最后被杀。然而政变之后的胜利者阿玛西斯（Amasis，公元前570—公元前526）并不能改变埃及在国际上的相对弱势。公元前五三九年，波斯王居鲁士（Cyrus，公元前559—公元前529）吞并巴比伦，公元前五二五年，波斯王甘比西士（公元前529—公元前522）入侵埃及，建立了所谓的第二十七王朝（公元前525—公元前404）。波斯人在埃及的统治先松后紧，而埃及人的反应则先软而后强硬，在波斯人统治一百多年之后终于在波斯内部不稳定时恢复了独立。

不过波斯的威胁始终存在。公元前三四三年，波斯再度占领埃及。在波斯的统治期中，埃及人和波斯人的关系似乎更为恶劣，因而当亚历山大于公元前三三二年击败波斯，进入埃及时，埃及人以他为救世主，却不知埃及本土王朝的时代从此一去不返。

由第三中间期到亚历山大的时代，埃及先后在亚述帝国和新巴比伦帝国的威胁之下度日，当波斯帝国于公元前六世纪中叶兴起，横扫整个西亚世界时，埃及也无力抵挡，昔日的帝国光辉已成追忆，但这只是就政治的层面而言。在文化和宗教上，这长期的政治低迷是否造成了什么影响？一个明显的事实是，新王国以来的一统而强势的王权已成绝响，利比亚人、努比亚人、亚述人、波斯人均可以成为埃及的统治者，因而王权亦不再是"埃及人"的专利，只要握有军政大权，即可成为法老。对于埃及人而言，这种情况要如何应付？我们从有限的材料中，很难得到清楚的答案，但就表面而言，只要外来的统治者能接受埃及传统王权的观念，使用传统法老名号，履行宗教仪节，就可以为埃及所接受。在当时埃及官员的自传铭文中，有两个例子值得注意。一个是乌加霍雷斯尼（Udjahorresne），一个是宋姆突特夫那克特（Somtutefnakht）。乌加霍雷斯尼原为第二十六王朝末期时埃及水军军官，在波斯王甘比西士入侵并且占领埃及后，被甘比西士任命为女神耐斯（Neith）祭司和医师长的职位。他在甘比西士的赞助之下重建了耐斯神庙，并且引以为傲。他在自传中说：

> 所有外邦的伟大领袖甘比西士进入了埃及，所有外邦的人都追随他。当他征服了这个国家，他们在此驻留，他成为埃及的伟大统治者和所有外邦的伟大领袖。陛下命我为医师长。他让我在他旁边，成为助手和宫廷管事。我为他撰写头衔，称他为“上下埃及之王梅苏替雷”（注：太阳神雷的后裔）。我让陛下知道塞斯城的雄伟——它是耐斯神的宝座，它是雷的母亲，是生命的赋予者——以及耐斯神庙的伟大，耐斯城堡的伟大，以及其中所有的神明，还有宫殿的壮丽，它是天神的宝座。
>
> 上下埃及之王甘比西士进入塞斯，他亲自访问了耐斯神庙。他匍匐在神像前，如同从前每一个国王一样。他将所有美好的东西都献给伟大的众神之母耐斯神，以及塞斯的其他神明，就如同从前所有虔敬的国王所行的一样。国王陛下做了这些事，因为我让他明白耐斯女神的伟大，她是雷的母亲。①

乌加霍雷斯尼是否没有所谓的“民族观念”？他是否因为是一个只求个人名利的机会主义者，才会如此与征服者合作？读者也许会这样问。不过，虽然他在自传中没有表示对甘比西士这异邦统治者的不满，但这并不能完全证明他背叛了祖国的文化。至少，他并没有明显地感谢波斯王给他的恩赐。而且，他不止一次地强调，是他让甘比西士认识到耐斯女神的伟大，并且向耐斯顶礼膜拜，如同从前所有的埃及明主一样。因此，对他而言，可以说他是用宗教的力量来征服了那征服者。

宋姆突特夫那克特则经历了第二次波斯占领埃及的时期（公元前341—公元前332），并且眼见亚历山大击败了波斯王大流士三世。在他

① M. Lichtheim, *Ancient Egyptian Literature III*, Berkeley: University of California Press, 1980, pp. 38—39.

的自传中，他承认受到了波斯王廷的关照，但将之归功于神明的庇护：

你（神明）在众人中选择了我，当你背弃了埃及，你把对我的喜爱放在外邦统治者（波斯王）的心中，他的大臣都赞美我。他命我为萨克美神的大祭司。[①]

当然，他立碑时已经是亚历山大时代，他是否能在自传碑（立在神庙之中）中公开表示任何对波斯的善意，也是可疑的。在亚历山大统治埃及之后，他回到上埃及的哈尔沙非斯（Harsaphes）神庙中任祭司以终老。

由这两个例子看来，至少有一部分埃及的上阶层分子对于外来统治者的态度是保持平和的，希望能够在既有的传统框架中继续扮演原有的角色。他们的态度大致也是托勒密时代一般埃及知识分子的态度。

当然，在内外势力交相倾轧之下，王权的递嬗和脆弱已无形中削减了王者的神圣性，王权已逐渐丧失其为埃及宗教和文化价值中心的地位，政府官员亦转而由谋求国王之赐福而成为较强调其独立之性格。这种情况是否从根本上改变了埃及文明自古以来以国王之神性为中心之政治神学，以及与其关系密切的社会伦理？我们在考虑埃及文明在往后的日子中的变动，就不能不认为这是个重要的因素。另外，在长期接受外来势力的支配，并且又与外来文化有更频繁的接触之后，埃及文化本身逐渐产生质变，也是不可避免的趋势。

① M. Lichtheim, *Ancient Egyptian Literature III*, Berkeley University of California Press, 1980, p. 42.

第十一章　薪尽火传——古埃及文化之蜕变

传道者说，虚空的虚空，凡事都是虚空。人一切的劳碌，就是他在日光之下的劳碌，有什么益处呢？一代过去，一代又来，地却永远长存。……已过的世代，无人纪念，将来的世代，后来的人也不纪念。

——《旧约·传道书》第一章

托勒密王朝之建立

当亚历山大进入埃及时，由于埃及人对波斯的高压统治不满，因而十分欢迎他的到来。亚历山大停留在埃及的时间虽短，但做了两件重要的事：一是建立了一个新的城市，位于三角洲西北角的亚历山大（Alexandria），后来成为整个希腊世界最重要的文化中心；另一件事则是入乡随俗，前往西方沙漠中的西瓦绿洲（Siwa Oasis），参访当地著名的安梦神庙，并且获神明指示，他就是安梦神的儿子。这显然是一项事先安排好的戏码，目的就是要让亚历山大取得埃及统治者的合法身份，也是为了让埃及政府官僚和宗教机构较容易接受他的统治。不过亚历山大在埃及没有久留，就继续他征服波斯的计划。亚历山大于公元前三二三年去世之后，他的帝国也被他的部将瓜分，由托勒密（Ptolemy son of Largos）取得埃及的控制权，不过他起初仍只是总督（Satrap），奉亚历山大的同父异母弟弟菲利普（Philip Arrhidaeus）及其子亚历山大四世为主。直到公元前三〇五年，他才自立为王，建立所谓的托勒密王朝。他的后人一直统治埃及，至公元前三〇年克丽奥佩脱拉七世（Cleopatra Ⅷ）自杀，罗马接手埃及为止。

托勒密王朝的统治，根据罗马人的记载，是相当腐败的，主要的问题有二：一是王室生活的奢侈，一是王室内骨肉相残、斗争惨烈。但在王室之外，托勒密王朝仍然算是相当强盛，与西亚其他王朝之间以联姻方式结盟，拥有不少海外属地。而与雅典和一些希腊城邦之间也保持良好的关系。同时，除了亚历山大之外，他们也在埃及其他地方兴建了希腊式的城市，其中有希腊神庙，以及代表希腊公民生活和文艺精神的半圆形剧场等等，希腊移民可以在其中过着与在希腊本土相似的生活。这也就是所谓希腊化时代的文化移植现象，埃及不过是大希腊化时代的一部分而已。不过，为了与埃及原本的统治阶层，包括教士阶级，保持合作关系，并且表示认同埃及传统，托勒密王朝在埃及各地大肆兴建传统埃及神庙，其统治者以传统法老的形象出现在各种祭典仪式之中。于是托勒密统治者有两重形象，一是对希腊或马其顿人而言，他们是希腊式的统治者；二是对埃及人而言，他们也可以是合法的埃及统治者。这种政策后来在罗马人接手统治埃及之后仍然延续，因而有好些至今保存相当良好的神庙，如丹德拉（Dendera）、艾斯那（Esna）、艾德符（Edfu）、孔翁波（Kom Ombos）、腓力（Philae）等地的神庙，都是在托勒密时代或罗马时代兴建的。在希腊罗马统治的漫长年代中，这些传统式的神庙成为古埃及宗教传统的最后堡垒。外在世界不断变化之时，这些神庙中的教士们却维持传统宗教祭典和仪式，并且在神庙壁上将这些祭典仪式的过程和祭文不厌其烦地刻写下来，似乎是为了让这些文献作为对神明的永远的献礼。现代学者因为有了这一批材料，才得以明了古埃及宗教祭典和活动的一些细节。

政权的转移与人群的混杂

传统法老时代的埃及其实已经数度为外族所占领并且统治，如中王国和新王国之间的“第二中间期”，埃及曾受到西克索人的统治达百年之久。波斯第一次占领埃及，从公元前五二五到公元前四〇四年，也长达一百二十年。这两次异族统治期对埃及虽然有影响，但似乎并没有从根本上把埃及人的自我认同改变。西克索人在埃及没有留下任何特别的文化遗产，是埃及史上的一个谜团。波斯主要以埃及为一个税收的来源，并且作为波斯帝国在西方的屏障，对于埃及国内的基本社会和政治组织并没有太多的干涉。托勒密王朝在埃及的统治与从前的征服者不同的一点是,他们实施将希腊人在埃及落户定居的政策。许多去埃及的希腊军人在解甲之后,在埃及定居,逐渐与埃及本地人混血,使得埃及文化的主体,也就是埃及人本身的组成分子产生了实际上的质变。这当然是一个缓慢的过程,它的重要效应要到罗马统治时期才真正显现出来。但不可否认的是,从托勒密时代开始,埃及逐渐被纳入所谓的希腊化世界秩序中,希腊文化在埃及的接触、冲突和融合是埃及历史转折的决定性因素。这是一段极难澄清,但又深具启发性的故事。

在托勒密时代,埃及人口大为增加,部分原因为农业生产兴旺,可以支持更多的人口增长,部分原因则是外来人口,以三角洲和法尤姆(Fayum)地区为最多。这些外来人口除了希腊人之外,也有叙利亚人、犹太人等其他邻近地区的人。其中犹太社群集中在亚历山大城、三角洲的雅胡底叶(Tell el-Yahudiyeh)、法尤姆绿洲、上埃及的奥克希林可斯(Oxyrhynchus)、底比斯,以及埃及南方边境的艾勒方坦。

在实际的文化交往方面,有些希腊人开始学习埃及文,且相信埃及传统神明。而埃及人中也有取希腊名字的,这些通常都是与希腊人有较多接触的埃及人,或有生意往来,或在政府任职,必须用希腊文与新的统治者沟通。我们也因此有时很难分辨文献中的名字到底是埃及人还是希腊人的,除非有时某人同时具有埃及名字和希腊名字,或者其父母的名字显示其为埃及人。在任何传统社会中,人名应该与文化传统有很深的关系,因而埃及人取了希腊名字,可以作为他们在文化上已经多少能够认同希腊文化的表现。反过来说,也就是他们的埃及本土性已经相对降低。

托勒密王朝的统治与从前不同的另一点是他们建立了一套更完备的官僚和管理体系,不论是经济事务,还是法律、行政等方面,可以说是巨细靡遗,这些都形成了新的社会和文化模式。当然,不可能将所有的旧政府组织都翻新,例如地方上法律的执行和法庭组织,基本上仍依循法老时代的模式。而为了管理有效,必须让人员和物资的交通流畅,因而托勒密王朝在埃及境内改善交通,其目的固然是为了管理,但也使得埃及境内人口移动和观念的交换有了前所未有的便利，其对思想上的影响和刺激是无法估计的。

托勒密时代埃及的祭司阶级一般与王朝关系良好，下文将提及的裴托西利斯(Petosiris)就是一个例子。托勒密王朝也企图用赐地和允许神庙有庇护权来拉拢埃及教士。例如在公元前二三八年，托勒密三世发表一诏书，提到王朝赏赐神庙及崇拜圣牛(Apis)，不过在底比斯的祭司阶级则不同。我们知道，自新王朝以来，底比斯的神庙区逐渐累积了巨大的财富和政治势力，成为一个半独立的国中之国，大祭司的职位世袭、传承比王位的继承还要稳定。祭司的势力一直到托勒密时代仍然相当可观，因而他们也比较有自主意识，在几次本土反叛的事件中，他们大都参与了。据记载，底比斯地区在公元前二〇七年时曾经反叛托勒密王朝，自立本土法老，乱事一直延续了十几年。公元一世纪左右，上埃及有一段时间几乎成为独立的地区。不过这些反叛的力量均不足以成气候。经过这些事件，托勒密及后来的罗马政府自然对神庙人员有更为严格的控制。

公元前一六八年之后，由于罗马干涉安提哥那王朝与托勒密王朝之间的冲突，罗马在事后遂成为埃及实际上的主宰者。托勒密王朝名义上虽为独立自主的国家，实际上已成为罗马的附庸，这当然是罗马在公元前二世纪以来在地中海地区扩张其政治势力的一部分结果。埃及的历史发展遂与罗马密不可分。

公元前四九年，罗马内战，庞培(Pompey)取得埃及的控制权，成为托勒密十三世的监护人，将他的妹妹克丽奥佩脱拉七世驱逐。第二年，恺撒攻下埃及，庞培被杀，克丽奥佩脱拉被重新扶上皇位，成为女王，但她也成为恺撒的情妇，并生下一子。当恺撒被谋杀之后，她又成为恺撒的继承人之一——安东尼——的情妇，育有两儿一女。她的这些作为，至少在政治考虑上，是为了使埃及不至于沦为罗马的一省。公元前三〇年，在安东尼与屋大维的斗争失败之后，她与安东尼双双自杀，托勒密王朝也就此告终。克丽奥佩脱拉和安东尼的故事之浪漫和曲折固然成为后世不断传颂的对象，但克丽奥佩脱拉欲以个人的力量挽救埃及的独立地位，却是一段悲剧。

罗马时代，埃及是皇帝直接控制的行省，政府对埃及祭司阶级的控制更严，由亚历山大城大祭司总领一切事务。神庙每年必须报告其财务状况以及人事变动，日常行事则有严密的监督和抽查规定。在这种情况之下，教士就更被定义为神庙的管理人员，与宗教传统本身的关系遂愈加疏远，而神庙的经济力量更为削弱。公元一五二至一五三年及一七二至一七三年，埃及人曾经有两次大规模的反叛活动，其中第二次发生在三角洲地区，据说是由埃及本土教士所领导的。这事件可能表现了埃及土著的本土意识的活动。同时，在此时出现的一些希腊文的反罗马作品其实是埃及土著所写的，主要是以预言的文体来“预测”罗马统治者的失败和埃及人的兴起。不过反讽的是，这种以希腊文写的预言式作品虽然源自古埃及，但在此时不但是以希腊文写，而且其中掺杂了希腊的传奇和历史。埃及人的本土意识终因长期的希腊罗马统治以及与希腊文化的接触而受到侵蚀。使情况更为复杂的是，在罗马时代，原本为埃及统治阶层的希腊移民在经过三百年的时间之后，已经成为一种新的“土著化埃及人”，以城市居民、官僚和商人为主。而罗马人的统治政策对他们而言是一种压迫，所以曾于公元二〇五年发生了以亚历山大城居民为主的反罗马暴动，结果亚历山大城破，罗马军屠城。当希腊人和埃及土著均以罗马为其反抗的对象时，彼此同仇敌忾的意识自然产生。在此情况下，本土埃及人和希腊移民之间的交融遂多了一项鼓励的因素。

当基督教逐渐在埃及传播开来后，以希腊文为主的希腊信徒和以科普特文为主的埃及土著彼此之间遂又增加了一层精神和信仰上的认同感。等到君士坦丁将基督教定为官方宗教时，基督教在埃及的传播又得到了官方的认可，发展更是迅速。不过，埃及自公元四五一年加尔西登宗教会议（Council of Calcedon）之后就不断有乱事，主要是罗马人与埃及人的斗争和宗教与种族冲突。在宗教方面，是一性论（Monophysite）（埃及科普特教徒主张耶稣只有一种性质）与正统论（为会议宣布的正统，也是皇室派，主张耶稣有人、神两性，但又合而为一）的冲突；在种族方面，则是罗马统治者对埃及居民的高压手段和轻视的态度，造成“埃及人”的不满。“埃及人”实际上已经包括希腊后裔和埃及土著两类人。

当西罗马帝国崩溃后，东罗马帝国成为埃及名义上的宗主国。对于东罗马帝国而言，埃及仍是其东方帝国疆域的一部分，但是要控制埃及，得依赖本地人，这并不容易。埃及当时可说是处于半独立状态，地方上，基督教士有相当大的权威，但埃及南方的努比亚人和东方山区的游牧民族经常扰乱，造成安全上的问题。到了查士丁尼在位晚期（六世纪下半叶），埃及内部仍然因为科普特教与官方（拜占庭）所持的不同神学意见而争论不休；在经济方面，拜占庭政府又对埃及剥削、压榨，因而在全国各地都有动乱发生。

公元六一六年，波斯军队攻入埃及，科普特教徒与波斯人发生冲突。波斯人占领埃及不久，在公元六二二年为东罗马皇帝赫拉克利斯（Heraclius）击败，于公元六二八年签订了和约。当公元六四一年阿拉伯人入侵埃及时，埃及人民苦于罗马政府的苛政，因而阿拉伯人没有遭到太大的抵抗，就结束了罗马帝国对埃及的统治，情况与亚历山大初入埃及时有相类似之处。与基督教当时烦琐的神学争论相比，阿拉伯人所提倡的新教义显得简单有力，这也许是埃及人之所以没有产生强力抗拒的另一个原因。东罗马帝国与阿拉伯人在公元六四一年底签订了停战和约，从此将埃及让给安拉的子民来管理，直到今日。

文化与宗教的质变

在托勒密时代初期的赫莫波利斯（Hermopolis）地区，图特神庙祭司为裴托西利斯家族，其墓地在近世出土。在其墓室壁画中，虽然在大的绘画原则上，古埃及的传统仍然产生影响力，但人物的面貌和衣着与传统埃及绘画中所见的相当不同，显然绘者受到希腊绘画的影响。这不仅是绘画工匠的能力和喜好问题，也表示裴托西利斯个人及家族在艺术品位上是能够接受希腊方式的。在裴托西利斯的自传中，我们并未看出他对于新的希腊统治者有何不满的情绪，只是他在自传中对统治者（亚历山大已离开埃及，当时实际负责的人应该是尚未正式称王的托勒密）并没有给予什么注意，这是和传统埃及自传中强调传主与国王的关系，传主受到国王的照顾与恩赐的表现方式有所不同的。

如果由文字和思想的变化来看，托勒密时代以埃及文所写的墓铭有一种新的倾向，就是在铭文中流露出一种比较真实而悲伤的情感，这是和自古以来埃及墓铭中那种充满自信和乐观的心态不同的。譬如说在裴托西利斯之子图特瑞赫（Thothrekh）的墓铭中，即有下面的句子，是以第一人称的口吻说的：

> 啊，你们在世上的人啊！如果你们来到这沙漠，如果你们来到这墓地献祭，给我充分的水，并高颂我的名，图特会因此祝福你们！……那听到我的话的人，他的心会因之而悲伤，因为我是个被暴力所夺走的孩子，无辜地被减短了年岁，在幼年就遭到不幸，好像一个人为睡眠所带走：只有几岁的时候，就被带到那永恒之城，到那灵魂所居之处。我到了众神之主的身边，却尚未享受到应有的福分。我有许多朋友，但是城里所有的人，没有一个能保护我！男男女女，城中的人们，大家都非常悲伤，因为他们看见我的遭遇，而他们非常喜爱我。所有我的朋友都为我悼念，父母哀恸欲绝，兄弟垂头丧气。①

除了裴托西利斯墓铭之外，托勒密时代的另一祭司之妻塔英和泰普（Taimhotep）的墓铭也是很著名的例子：

> 西方是长眠之地，黑暗笼罩其上，那儿的人们睡在木乃伊中，不能醒来探视他们的兄弟，看不见他们的父母，他们的心忘却了妻子、儿女。死亡，它的名字是“来吧”！所有被它呼唤的人都立刻向它报

① 蒲慕州，《尼罗河畔的文采》，台北：远流出版公司，1993，70—71页。

到，他们的心惧怕它。不论是神还是人，没人能注视它。但所有人都在它的掌握中，无人能使它的手指放松。它将儿子从母亲那儿夺走，却不先召唤走在他身边的老人，他们都惧怕而向它求情，它却不理会他们。它不答应那向它祈祷的人，它听不见那赞美它的人，它是无形的，人无法送给它任何礼物。①

传统埃及墓铭的基本精神是赞颂死者一生的成功，而上述引的这些墓铭主要关心的却是对死亡的哀悼，于是原本以墓主传记为主的墓铭也转变为悼词。这种变化，有可能是受到了希腊式墓铭的影响，因为希腊化时代的希腊墓铭流行的主题就是对于人生意义、死亡、生命的沉思。这些墓铭有的乐观，有的却充满了怀疑。埃及墓铭可能受到希腊的影响，就正如在埃及出土的希腊墓铭也受到埃及自传传统的影响一样，显现了希腊化时代各地区文化融合转变的情况。

从这两个例子中我们可以见到，在埃及文明的中坚分子——祭司阶级中，传统文化是如何逐渐地发生了质的变化。这变化是如何发生的？是否由于埃及在失去了政治自主权之后使得一些基本的宗教心态受到震撼，因而产生了对死后世界的根本怀疑？因而传统的一些宗教形式虽仍然继续存在，如木乃伊的制作，但是否其内部的精神已逐渐转变，认为死亡为一条无希望的不归路？这些可能性都是可以考虑的。即使不论及政治自主的问题，而仅仅是考虑埃及人与希腊人的接触和相互往来，仍然可以看出有变化产生。这种变化也是两方面的，譬如说，希腊人自身也容易接受外来的神明，因而在托勒密早期就有证据显示有希腊人相信埃及神明“Oserapis”。这“Oserapis”后来就被托勒密一世借来创造了一个新的神明——塞拉比斯(Sarapis)。同时，希腊人将埃及的神明认同为希腊神明，也是早在希罗多德时代(公元前六世纪至公元前五世纪)就已经开始的。埃及最重要的女神——奥塞利斯的妻子艾西斯，在希、罗世界中也是

① 蒲慕州，《尼罗河畔的文采》，台北：远流出版公司，1993，73—74 页。

非常受尊崇的神祇,后来成为一切母神的综合体。因此在埃及地方文献中所提到的神若用希腊名,有可能指的是埃及神明。

在一些托勒密时代早期的纸草文献中,我们发现埃及本土神庙与埃及—希腊混合神庙,以及纯希腊式神庙同在一处的情况,可以想象当时宗教现象的复杂。从文献中以及日常生活中所使用的小保护神像,以及各种节日庆典中,可以看见希腊人虽尚没有完全忘掉其本土神明,但也不吝于接受埃及的神明。总之,希腊奥林匹亚神族在埃及所具有的影响力是逐渐减少的,而那些能继续存在的多半是由于与埃及神明认同的结果。可能是由于希腊人这种对埃及神明的认同,埃及人也因而化解了对立的心防,开始接受希腊文化的观念。到了罗马时代,由于基督教(科普特教会)在埃及民间的发展,使得埃及人和希腊人之间有了新的沟通桥梁:希腊文字化的埃及方言,加上罗马统治者对两者的管束,使他们有更多彼此接近的机会。此外,如下文所论,文字系统的演变也使得埃及宗教传统的式微加速。

另一个值得注意的现象是,公元二、三世纪以后,在埃及有所谓的诺斯提教派(Gnosticism),可以说明一部分埃及人宗教信仰转变的情况。“诺斯”(gnosis)本为希腊文中“知识”之意,在希腊化时代中为许多求个人救赎的宗教信仰引用来指称“对上帝的知识”。不过这“知识”并非如希腊思想中那种纯理性的知识,而是一种借以达到救赎的知识,因而其中包含了神秘的因素。由于希腊化时代这种救赎性宗教普遍流行,因而许多不同的信仰都可能彼此有相似之处,甚至相互影响。以注重“知识”(诺斯)为信仰特征的一些信仰教派因此逐渐被统称为“诺斯提”,其中包括了早期基督教信仰、波斯摩尼教信仰、犹太信仰,以及埃及传统宗教中的一些因素。不过,埃及传统的因素可能是这些因素中比较不重要的部分。我们在此不能深入讨论诺斯提教派的问题,但可以将它的发展作为一项指标,看出此时至少有不少埃及人的信仰生活已经与古埃及传统相去甚远。

传统文字系统的废弃

古埃及的文字有着极为悠久的历史。从公元前三〇〇〇年开始，埃及人所留下文献之丰富，毋庸赘言。埃及文字的书写方式和文法结构在这段时间中也经历了相当大的变化，从比较古拙的旧王国时代埃及文（Old Egyptian），进展到中王国时代的中期埃及文（Middle Egyptian），再发展为新王国时代的晚期埃及文（Late Egyptian），文法结构由古奥到成熟，同时愈晚愈有反映出口语的情况。不过在第二一六王朝之前，埃及文字的书写体主要是庙堂墓铭中所用的象形体，以及日常生活及文书记录用的行书体，基本上仍为图象的简化形体。但以后再发展出的草书体，不但在文法结构上有了更简化和口语化的倾向，在书体上也将行书体更加简化，成为一些线形符号组，使得埃及文字更接近符号拼音文字系统。草书体埃及文不但是希腊罗马时代本土埃及人士日常行事的文体，也留下不少文学作品，包括神怪故事、箴言、寓言等各类作品。这些作品也许是受到同时期希腊文学的影响，有比较复杂的内容，其中所表现出的对命运左右人生的力量的重视，是此时文学的一个特色，也是希腊化时代的特色。

草书体埃及文的出现，其实也预示了此后埃及本土文字的两大发展方向：一是向拼音系统文字方面发展，一是传统象形体和行书体的更加式微。向拼音系统的发展倾向在与希腊文接触之后遂产生了以希腊字母拼音，兼用七个草书体符号而形成的科普特文。而象形体和行书体在希、罗时代只在两种情况之下尚被使用：象形体在神庙中，行书体在《死者之书》中。这两种文字演化的方向与传统埃及宗教与文化的式微有极为密切的关系。先说科普特文的使用。最早的科普特文献出现于公元一世纪，到了二、三世纪之后，成为埃及早期基督教会用来传教、译经的文字。这类文献基本上传述的是一种新的宗教思想，即基督教思想，其中所反映的心态可以说与埃及传统宗教相去甚远。前文所说的在埃及流传的诺斯提教派文献也是用科普特文书写的。科普特文中又大量借用希腊词汇，据估计，在全部科普特文献中大约有两千个希腊词。可以想象，这大量的希腊词汇必然带入许多希腊文化的因素,因而科普特文在语音方面虽仍可被认为是埃及古语的方言和后裔,它的思想形态却已经进入了一个新的世界。

另外,在传统式的埃及神庙中,教士们继续保有古老的宗教典籍,并且将之用象形体刻写在神庙壁上。我们现在对埃及宗教仪式的意义的了解、神庙的组织和运作,以及许多宗教节庆的细节都是因为有这一批文献之故。但是,一个相当吊诡的情况是:这些教士虽然保有古老的宗教传统,却不能迈出神庙去宣扬。这一方面固然是由于托勒密政府以及罗马当局不鼓励他们这样做;另一方面,也可以说是由于埃及传统宗教形态的限制——埃及的神庙虽然是宗教大传统的中心,但教士们其实是宗教文献的保管者和宗教仪式的行政管理人员,无所谓"传教"观念。尤有甚者,希、罗时代神庙中的教士们,也许是为了保护其宗教传统不流入"外人"之手,发展出了一套复杂的象形符号系统,在古典埃及文法和象形符号的基础之上,大量扩充了同音异符以及同符异音的符号数目,以至于除了长久浸淫于其中的教士本人之外,少有人能够读通。这种情况,使得原本在社会中只有少数人能懂的文字变得更与世隔绝。对于传统宗教文化的传递而言,这不能不说是一种阻碍。我们虽无法得知希、罗时代除了神庙教士之外,社会上究竟有多少人能读传统的象形文字,但无可否认的事实是,除了神庙壁、少数墓铭以及随葬的抄袭古代范本的《死者之书》之外,一般埃及人的生活中已经看不见象形文字的踪迹。现存最晚的埃及象形文献的年代为公元三九四年,而草书体埃及文献最晚可到公元四七六年。

古埃及文明的蜕变

从前面的讨论可以看出,埃及文明在希腊罗马时代所经历的,是一个极为复杂的过程,政治主权的丧失对传统埃及文明的最大打击,在于以国王为代表的神权政府以及相应的宗教传统失去了依附的主体,从此埃及人所保有的传统宗教只能在个人生活的层面存在,神庙中所保存的旧传统与一般人的生活相去愈来愈远。而当个人生活中旧的信仰对象为新的对象所取代，又没有一个更有力的宗教和政治神学进行监督时，人们从奥塞利斯的信徒转为耶稣基督的信徒并不是困难的事。实际上，我们已经看到，早在第二十六王朝时代，也许是有鉴于亚述人入侵的威胁，曾经有所谓的“文化复兴”运动。这一时代的文学和工艺品有模仿旧王国时代文艺的倾向，许多雕像和壁画都是抄袭旧王国作品，墓中所刻的铭文则撷取旧王国时代的《金字塔文》。为什么会有这个运动？有学者认为，第二十六王朝王族本身是西方利比亚人后裔，而此时王权之衰弱和外邦人大量地进入埃及，也许反而使得王室产生以鼓励埃及本土传统以加强人民向心力，同时获得统治的正当性的想法。然而以下历史的发展显示，埃及王权在第二十六王朝之后再也无法恢复为统一上下埃及的至高权威，所谓的文化复兴也只是昙花一现而已。因而从第二十六王朝一直到托勒密时代，埃及王权已逐渐丧失埃及宗教和文化价值中心的地位，传统的以法老为至上神在世间之化身的观念在王室积弱不振，在国家屡遭外族入侵、占领、统治的情况之下，极难重新在人们心中建立。

因此托勒密王朝在埃及建立时，并不需要花太大的力量去打破埃及的神权政治传统，反而可以如波斯人一般，依样画葫芦，将上下埃及之主的名号戴在自己头上。埃及百姓在托勒密统治之前已有了几百年的时间去适应一种王权衰微甚至消失的宗教生活，新王朝的建立基本上对他们无太大影响。如果与埃及历史上曾经有过的几次王权衰微时代相比，如内战频仍的第一中间期、西克索人统治的第二中间期，托勒密时代最大的差别在于希腊人所带入埃及的是一种极为不同而又有相当活力的，有成熟的宗教文学和哲学等文化成就的传统，当这种传统注入埃及之后，埃及文化本质的改变已经成为一种不可逆转的趋势。

我们又可以看到，甚至在托勒密时代开始之前，古埃及文明特质形成的一项重要因素——以国王的神性为基础的政治神学，已经受到重创。托勒密王朝虽然继续以传统法老自居，并且在全国各地广建传统埃及神庙，但其统治为希腊式的本质，则昭然若揭。在整个托勒密王朝的诸任统治者中，只有最后一位，即女王克丽奥佩脱拉七世通晓埃及语言。这样与埃及一般百姓在文化上疏远的统治阶层，如何能支持传统政治神学观的继续存在？

传统政治神学的崩溃、传统宗教的式微、象形文字系统的废弃、外来宗教与拼音文字系统的发展，这些现象加起来，似乎可以说明埃及传统文明衰亡的原因。但是当我们看到埃及文明在希、罗时代逐渐蜕变的过程时，不禁要问，在传统时代，埃及人到底对异文化有什么样的态度？因为，如果能够知道他们是如何对待外邦人，如何接受外来的文化，又有些什么反应，也许会对了解埃及文明最后为什么会衰亡有一些启示。

笔者以为，埃及人对于异文化的接触以及所表现出的态度大致可分以下几个阶段：第一阶段，由埃及文明出现一直到中王国时代，埃及人对于外邦人和异文化有极强烈的人我意识，也就是埃及人对其自身文化与异文化的不同有相当高的自觉。不过，这自觉主要是政治神学上的自觉，外邦人和异文化与埃及的关系只是在这政治神学的范畴内考量。因此，埃及人虽然知道外邦人和异文化的存在，但在他们的文献与艺术表现中，并不描绘外邦人和异文化本身的特点，而是以埃及自身的文化艺术表现模式套在外邦人身上。而且，对于外邦人基本上持排斥的态度。到了第二阶段，也就是中王国时代之后，有较多的文献材料可以说明，埃及人开始对异文化的本质有比较深入的同情与了解。也就是说，埃及人不再一概以排斥的心态来对待外邦人和异文化。而当埃及国势由中王国进入新王国的盛世，并且步入新王国末期，也就是当埃及强大的中央政府开始崩解之时，我们才又见到一种更为客观和务实的对待异文化的态度。这也许是由于对于异文化的骄傲和排斥会随着自身所经历的政治和社会的危机而减弱。但整体而言，埃及人似乎没有自觉地产生同化外邦人或者异文化的意识。这一点与中国古代“夷狄入中国则中国之”的观念是很不相同的。不过，根据埃及的宗教传统，世间的秩序是为玛特所控制，而既然这秩序是埃及的，不论是埃及人或外邦人，正义或邪恶，都在这神圣的秩序中，似乎也就没有必要去同化外邦人和异文化了。

如果笔者的这些观察可以聊备一说，那么埃及人由早期排斥异文化到希、罗时代接受异文化，似乎至少有一部分是随着埃及国力或者政治与神权的力量的消长而有相应的发展过程。这项观察也多少由前文的讨论得到印证。

回顾本书所触及的问题以及使用的材料，我们必须承认，目前学界仍然相当缺乏可供讨论希、罗时代埃及本土文明实际状况的材料。我们最希望知道的消息是：一般人生活中主要的重心为何，而知识阶层所关心的文化问题又为何。这两方面的消息如果充足，可以让我们判断古埃及文明是否仍然存在，或有多少仍然存在。

就目前所知，公元二、三世纪以前，基督教科普特教会以及诺斯提教派为宗教生活方面主要的活跃因子，虽然这印象也许只是由于材料的幸运得到保存，但除此之外，我们所能见到的埃及文（草书体）文献除少数托勒密时代的文学作品之外，基本上都是日常生活簿记文书和法律文献，几乎无从得知书写者的宗教生活和思想状况。由此似乎也可以反映，有文字能力关心宗教或表达宗教思想的人所接触的问题基本上已经不再是古埃及传统宗教的问题。这也意味着，到了罗马时代，所谓埃及文化的上层结构已经逐渐蜕变为一种新的文化体，吸引埃及人的不再是奥塞利斯，而是耶稣、玛利亚和灵魂的救赎。诚然，值得注意的是，古埃及宗教中亦非完全没有与后来犹太—基督教传统以及诺斯提教派信仰相通的因素。

有学者早已指出，埃及的智慧文学与犹太教圣经中《箴言》有许多相似之处，有可能是埃及的思想影响了犹太作者；而埃及宗教中死后审判的观念也多少影响了基督教世界观的形成。由此看来，基督教最初的发展在埃及最为成功，这也许与埃及宗教原有的这些因素有关。不过，基督教强烈的排他性一神信仰以及原罪的观念，却是埃及宗教中从来不曾有过的，但这正是基督教信仰与此前古埃及宗教截然分流的最主要原因。

至于一般人的生活方式和习俗在希、罗时代究竟发生了什么改变，与古埃及传统有何不同，则更不易得知。以最重要的生命礼仪——葬礼——而言，罗马时代的埃及仍有制作木乃伊的习俗，但在木乃伊上覆以面具的传统已改变为覆以绘有死者面像的木板，棺木中的绘画内容也简化、变形，甚或杂以基督教的象征图案。由此可以看出古埃及传统逐渐消失的情况。不过，在描述埃及传统宗教消失的过程的时候，有一点事实却不应忽略：文化的变迁是一件极为复杂的事，其中宗教和思想的改变更是难以用笔墨形容。任何对文化变迁的讨论，只应假设事实要远比我们所知道、所看见、所能想象的情况更为复杂，且应该对于任何单线式的发展模式，或任何线性的发展模式采取高度怀疑的态度。

古埃及宗教在希、罗时代固然是在走一条逐渐消失的路，但是它的消失和基督教的兴起中间所经历的路程绝不是一个简单的消长关系可以描述的。许多传统埃及宗教、巫术和文化习俗，以希腊化的表现方式，在基督教的大环境中仍然如漏网之鱼般地继续存在，并且与新的宗教相结合。所谓的科普特基督教，绝不是没有受到埃及和希腊文化影响的信仰，反而是由其生长出来的。就以艺术表现而言，在科普特基督教艺术中经常可以见到古埃及传统的表现方式，包括图像的结构和人物的姿态等，仍然继续存在。

譬如在一块刻有两圣徒骑马的石碑上，碑额刻有埃及王权象征的太阳和双蛇，而两圣徒之间，又刻有手执权杖的霍鲁斯神像。刻这石碑的人心中到底是否以为太阳神雷仍是至高的神明，而霍鲁斯则为两基督圣徒的保护者？或者，石碑的用意是否是为了要以认同埃及传统图像来说服埃及人相信基督的福音？我们不能真正知道。但至少我们很难假设石碑的设计者对其上的图像所代表的宗教意义完全没有了解。解读这石碑的困难正可以显示此时代宗教心态的复杂。而公元四世纪末，科普特教会又以埃及象形文的“♀”（ankh，生命）符号为十字架。这可以说是举了传统埃及宗教中的一个观念来为基督教所用的例子。

又譬如，在卡诺普（Canopus，尼罗河西支出海口）的艾西斯神庙一直到公元四八九年才被关闭；而腓力（在上埃及）的艾西斯神庙则一直维持到公元五三七年才被改建为基督教堂。这些证据都可以说明，一直到基督教成为罗马帝国的官方宗教之后一两百年，埃及仍不能算是完全的基督教世界。最明显的例子就是对于尼罗河神的崇拜。尼罗河神是埃及人生活中重要的保护者，在整个希、罗时代，由奥塞利斯转变而成的塞拉比斯一直是人们祈求和感恩的对象，而对它的感谢也是日常语汇的一部分。因此，基督教最后的胜利也许可以由耶稣基督取代了尼罗河神的地位作为一个象征。在一封公元六世纪的书信中，作者有下面的句子："我现在告诉您一个好消息，由于基督的大能，那受祝福的、丰饶的埃及之河已经开始涨水。"

那么埃及人自己是否对他们的文明的衰亡、消失或蜕变，有任何感想或任何求延续其文化传统的努力？我们可以说，对于一般百姓而言，他们的生活中从未缺乏宗教的支持，而宗教生活的逐渐改变可能缓慢到个人难以察觉的地步，因而对他们来说文明衰亡和消失是没有太大意义的。就宗教大传统而言，神庙中的教士们实际上的确保存了埃及传统一段相当长久的时间，但这保存是消极的，而并非积极的发展。至于他们是否有任何对于文化传统没落的感慨，则是文献不足征了。

最后，本章前引《旧约圣经》的文字，其中有一句话说："一代过去，一代又来，地却永远长存。"从大地的角度来看，人群、国家是会过去的，但是产生文明的大地却永远存在，产生文明的人群可以过去，但他们的文明是否也会随之而逝，这就要看我们用什么态度来看了。一种说法是，文明一旦存在，就永远存在，古埃及人虽然消失了，古埃及文明的艺术、文学、宗教仍然可以活在现代欣赏者的心中。也就是说，文明的各个组成因素可以单独存在。假如现代女士可以梳埃及女士的米粉头，或者挂埃及式的项链，是否就可以说古埃及文明的一部分，如审美的部分，仍然活着？这种说法有它的道理。文明作为一种精神实体，是可以在不同人群、不同时空中传递下去的。

然而一个常常出现的说法是，古埃及文明已经"消失"或者"灭亡"了，这种想法的根据主要是就文明的主要特质是否仍存在来判断。例如，我们可以考虑，古埃及文明的主要特质包括宗教、思想、物质生活等，所构成的文明主体，是否在罗马时代之后完全瓦解、消失？如果是，就可以说古埃及文明已经消失。然而这种考虑方式也有一些问题:第一,当我们列举古埃及文明的特质时,实际上已经在某种程度上相当武断地认定哪些是特质,哪些不是。然而问题是,是否有一个绝对的标准来判断什么是一个文明的“主要特质”?文明是否是一种固定不变的东西?如果不是,那么,在埃及的例子上,我们是否能说古埃及文明亡了?承载埃及文明的主体,是生活在埃及的人们,他们尽管有人搬进搬出,但总是共同承载着某种文明,因而如果说古埃及文明的特质在他们身上消失,他们其实仍然承载着另一种文明。我们应该说古埃及文明衰亡了,还是说古埃及文明蜕变为另一种文明了?因为,事实上,我们无法真正地把时间之流截断,而说在某一时间之前,在埃及活着的文明算是古埃及文明,之后是另外一种东西。

其次,如果文明在时间的过程之中只有蜕变而没有衰亡,那么人们为什么要谈文明的衰亡?也许,思考文明的衰亡可以了解到维持一个文明存在的真正力量。这种想法,还只是相当狭义地为了理解个别文明的特质。但是一个更大的问题是,人们之所以讨论文明的衰亡,是不是多少带有感慨,甚至带有某种警惕之心?又是否代表了一种文明或文化上的保守主义和自我中心心态?当《传道书》的作者说“已过的世代,无人纪念,将来的世代,后来的人也不纪念”之时,是表示一种对传统文明的怀念,因而有积极保存或复兴的希望,或者是类似老庄道家,认为文明的交替就如日月的运转,是自然而然的事?我将这个问题留给读者,作为本书的结束。

年代表

所有年代除罗马统治时期均为公元前，而第二十王朝以前之年代均为约略年代，时间愈早，不确定性愈高。此表参 Kathryn A. Bard, *An Introduction to the Archaeology of Ancient Egypt* (Oxford: Blackwell, 2008) 所附之年表。

分　期	朝　代	法　老	年　代
史前时代末期（那卡达）	第一期		公元前 4000—公元前 3500
	第二期		公元前 3500—公元前 3300
	第三期		公元前 3300—公元前 3100
早期王朝时代	第零王朝		公元前 3100—公元前 3000
	第一至二王朝		公元前 3100—公元前 2686
旧王国时代	第三王朝	卓瑟(Djoser)	公元前 2686—公元前 2613
		胡尼(Huni)	
	第四王朝	史那夫鲁(Snefru)	公元前 2613—公元前 2494
		胡夫(Khufu)	
		卡夫雷(Kafre)	
		门卡雷(Menkaure)	
	第五王朝	乌色卡夫(Userkaf)	公元前 2494—公元前 2345
		萨互雷(Sahure)	
		那夫易尔卡雷(Neferirkare)	
		易色西(Isesi)	
		乌那斯(Unas)	
	第六王朝	铁提(Teti)	公元前 2345—公元前 2181
		裴皮一世(Pepi Ⅰ)	
		梅仁雷(Mernere)	
		裴皮二世(Pepi Ⅱ)	

（续表）

<table>
<tr><th>分　期</th><th>朝　代</th><th>法　老</th><th>年　代</th></tr>
<tr><td>第一中间期</td><td>第七至第十王朝</td><td></td><td>公元前 2181—公元前 2055</td></tr>
<tr><td rowspan="12">中王国时代</td><td rowspan="5">第十一王朝</td><td>英特夫（Intef）</td><td rowspan="5">公元前 2125—公元前 2055</td></tr>
<tr><td>蒙图和泰普一世（Montuhotep Ⅰ）</td></tr>
<tr><td>蒙图和泰普二世</td></tr>
<tr><td>蒙图和泰普三世</td></tr>
<tr><td>蒙图和泰普四世</td></tr>
<tr><td rowspan="7">第十二王朝</td><td>阿曼尼赫特一世（Amenemhet Ⅰ）</td><td rowspan="7">公元前 2055—公元前 1773</td></tr>
<tr><td>申无施尔一世（Senwosert Ⅰ）</td></tr>
<tr><td>阿曼尼赫特二世</td></tr>
<tr><td>申无施尔二世</td></tr>
<tr><td>申无施尔三世</td></tr>
<tr><td>阿曼尼赫特三世</td></tr>
<tr><td>索别克那芙鲁（Sobeknefru）</td></tr>
<tr><td rowspan="2">第二中间期</td><td>第十三至第十七王朝</td><td></td><td>公元前 1773—公元前 1550</td></tr>
<tr><td>西克索时代（Hyksos）第十五至第十七王朝</td><td></td><td>公元前 1650—公元前 1550</td></tr>
<tr><td rowspan="8">新王国时代</td><td rowspan="8">第十八王朝</td><td>阿摩斯（Ahmose）</td><td>公元前 1550—公元前 1525</td></tr>
<tr><td>阿曼和泰普一世（Amenhotep Ⅰ）</td><td>公元前 1525—公元前 1504</td></tr>
<tr><td>图特穆斯一世（Thutmosis Ⅰ）</td><td>公元前 1504—公元前 1492</td></tr>
<tr><td>图特穆斯二世</td><td>公元前 1492—公元前 1479</td></tr>
<tr><td>哈谢普苏（Hatshepsut）</td><td>公元前 1479—公元前 1458</td></tr>
<tr><td>图特穆斯三世</td><td>公元前 1458—公元前 1425</td></tr>
<tr><td>阿曼和泰普二世（Amenhotep Ⅱ）</td><td>公元前 1427—公元前 1400</td></tr>
<tr><td>图特穆斯四世（Thutmosis Ⅳ）</td><td>公元前 1400—公元前 1390</td></tr>
</table>

（续表）

分 期	朝 代	法 老	年 代
新王国时代		阿曼和泰普三世（Amenhotep Ⅲ）	公元前 1390—公元前 1352
		阿曼和泰普四世 = 易肯阿顿（Amenhotep Ⅳ = Akhenaten）	公元前 1352—公元前 1336
		史门卡雷（Smenkhkare）	公元前 1338—公元前 1336
		图坦卡门（Tutankhamun）	公元前 1336—公元前 1327
		艾伊（Ay）	公元前 1327—公元前 1323
		霍伦哈布（Horemhab）	公元前 1323—公元前 1295
	第十九王朝	纳姆西斯一世（Ramesses Ⅰ）	公元前 1295—公元前 1294
		塞提一世（Seti Ⅰ）	公元前 1294—公元前 1279
		纳姆西斯二世（Ramesses Ⅱ）	公元前 1279—公元前 1213
		梅仁普塔（Merneptah）	公元前 1213—公元前 1203
	第二十王朝	纳姆西斯三世—十一世（Ramessess Ⅲ—Ⅺ）	公元前 1184—公元前 1069
第三中间期	第二十一王朝		公元前 1069—公元前 945
	第二十二王朝	示撒（Shoshenq Ⅰ）	公元前 945—公元前 715
	第二十三王朝		公元前 818—公元前 715
	第二十四王朝	特夫那克特（Tefnakht）	约公元前 730—公元前 715
	第二十五王朝	皮安赫（Piankh）	公元前 747—公元前 656
		夏巴卡（Shabaka）	
		谢比特古（Shebitku）	
		塔哈卡（Taharqa）	
	第二十六王朝	涅可一世（Necho Ⅰ）	公元前 672—公元前 664
		萨美提克一世（Psammetichus Ⅰ）	公元前 664—公元前 610
		涅可二世（Necho Ⅱ）	公元前 610—公元前 595
		萨美提克二世（Psammetichus Ⅱ）	公元前 595—公元前 589
		阿普利（Apries）	公元前 589—公元前 570
		阿玛西斯（Amasis）	公元前 570—公元前 526
		萨美提克三世（Psammetichus Ⅲ）	公元前 526—公元前 525

（续表）

分　期	朝　代	法　老	年　代
	第二十七王朝（波斯统治）		公元前 525—公元前 404
	第二十八至三十王朝		公元前 404—公元前 343
	第三十一王朝（波斯统治）		公元前 343—公元前 332
	亚历山大家族统治（马其顿王朝）		公元前 332—公元前 304
	托勒密王朝时代		公元前 304—公元前 30
	罗马统治时代		公元前 30 —公元前 324

书　目

本书写作参考的材料众多,在此不一一列出。以下的书目为一些基础的参考书,其中有些较为专业,因本书中曾经直接引用,故列出。

英文书目

T. G. Allen, *The Egyptian Book of the Dead*, Chicago: University of Chicago Press, 1974.

George Boas, *The Hieroglyphics of Horapollo*, Princeton: Princeton University Press, 1993.

A. K. Bowman, *Egypt after the Pharaohs*, Berkeley: University of California Press, 1986.

H. Frankfort, *Ancient Egyptian Religion*, New York: Harper & Row, 1961.

A. H. Gardiner, *Egypt of the Pharaohs*, Oxford: Oxford University Press, 1969.

N. Grimal, *A History of Ancient Egypt*, Oxford: Blackwell, 1992.

I. R. Harris, *The Legacy of Egypt*, Oxford: Oxford University Press, 1971.

E. Hornung, *The Conception of God in Ancient Egypt*, Ithaca: Cornell University Press, 1982.

B. J. Kemp, *Ancient Egypt, Anatomy of a Civilization*, London: Routledge, 1991.

K. A. Kitchen, *The Third Intermediate Period in Egypt, 1100—650 B. C.*,

Warminster: Aris & Phillips, 1986.

M. Lichtheim, *Ancient Egyptian Literature*, 3 vols, Berkeley: University of California Press, 1975.

William L. Moran, *The Amarna Letters*, Baltimore: The Johns Hopkins University Press, 1992.

T. Eric Peet, *The Great Tomb-Robberies of the Twentieth Egyptian Dynasty*, Oxford: Clarendon Press, 1930.

James B. Pritchard, *Ancient Near Eastern Texts Relating to the Old Testament*, Princeton: Princeton University Press, 1969.

K. Sethe and H. W. Helck, *Urkunden des Aegyptischen Altertums*, *Abt. IV*: *Urkunden der* 18. *Dynastie*, Leipzig and Berlin, 1906—1958.

W. S. Smith (rev. by W. K. Simpson), *The Art and Architecture of Ancient Egypt*, New Haven: Yale University Press, 1965, 1981.

B. G. Trigger et. al., *Ancient Egypt, A Social History*, Cambridge: Cambridge University Press, 1983.

W. G. Waddell, *Manetho*, Cambridge: Harvard University Press, 1997.

J. A. Wilson, *The Culture of Ancient Egypt*, Chicago: University of Chicago Press, 1968.

中文书目

希罗多德,《历史》,王以铸译,台北:商务印书馆,1997。

汉尼希、朱威烈等,《人类早期文明的"木乃伊"——古埃及文化求实》,杭州:浙江人民出版社,1988。

蒲慕州,《尼罗河畔的文采》,台北:远流出版公司,1993。

颜海英,《守望和谐:古埃及文明探秘》,昆明:云南人民出版社,1999。